요점 정리의 기술

책부터 기획서, 보고서, 회의, 발표까지

요점 정리의 기술

박경수 지음

분량만 줄이지 마라,
단어만 베끼지 마라,
내 관점, 내 말로 바꿔라!

문해력, **사고력**, **표현력**을 모두 갖춘
글쓰기 말하기 노하우 37가지
매년 수십만 페이지를 읽고 정리한
경영 컨설턴트가 공개하는 핵심 방법

★ **체크포인트**
생각을 명확하게 정리해서 설명할 수 있는
M-C-M, S-Canvas, S-P-S 공식 수록!

유노북스

프롤로그

일, 학업, 대화에서
요점 파악이 힘든 당신에게

우리는 하루에도 다양한 채널을 통해서 정보를 받는다. 카카오톡, 인스타그램, 페이스북, 브런치, 블로그 등 얼마나 많은가? 이제는 정보를 얻는 것이 힘들 정도다. 그래서 어떤 사람은 의도적으로 SNS의 알림을 끄고 보지 않는다. 또 어떤 사람은 너무 많은 정보가 주입되면 아예 이렇게 말한다.

"잘 모르겠고, 우선 네가 요점만 알려 줘."
"아, 생각하기 싫어. 그래서 말하고 싶은 요점이 뭐야?"
"뭐가 너무 많아서 요점이 뭔지 모르겠어."

한 인터넷 게시판에 인천에 거주하는 사람이 서울의 교통난 때문에 힘들었다는 글을 남겼다. 조금 각색해서 정리해 보면 이런 내용이었다.

일 때문에 오랜만에 서울에 왔다. 그런데 서울 교통난이 너무 심해서 운전이 너무 힘들었다. 게다가 그날은 서울 시내를 벗어났는데도 인천까지 오는 데 차가 막혀 더 힘들었다. 이런 교통지옥을 매일 겪으면서 서울에서 운전하는 사람들이 대단하다고 느꼈다.

이 글의 요점은 '서울 시내 운전은 너무 힘들고 서울에서 운전하는 사람들은 대단하다'는 것을 알 수 있다. 그런데 사람들의 반응이 의외였다.

"인천도 특정 지역은 교통지옥이다."
"인천으로 돌아갔으면서 서울 시내 교통을 왜 이야기해요?"

이렇게 생각하고 말하는 사람이 정말 있을까 싶겠지만, 요즘은 '문해력 붕괴 시대'라는 말이 나올 만큼 요점 파악에 어려워하는 사람이 많다.

그렇다면 요점이란 무엇일까? 요점은 '가장 중요하고 중심이 되는 사실이나 관점'이다. 사람들은 시험공부를 하거나 중요한 보고를 할 때 요점 정리라는 단어를 사용한다. 가장 중요하고 중심이 되는 사실이나 관점 따위를 체계적으로 분류하고 종합하는 행위인 요점 정리는 사실 우리의 일상이다.

그런데 요점이 무엇인지 모르면 어떻게 될까? 학업, 업무, 인간관계에 문제가 생긴다. 요점을 파악하지 못하면 오랜 시간 공부해도 성적이 좋지 않거나 열심히 일해도 업무 성과가 나지 않을 수 있다. 또한 가족, 연인, 친구와의 의사소통 문제가 생길 수도 있다.

나는 직장 생활 6년 차에 업무 분야를 바꾸기 위해 면접을 본 적이 있다. 면접관의 계속된 질문에 대한 나의 답변이 자신감 넘쳐 보였는지, 면접관이 갑자기 과제 하나를 던졌다.

"가장 최근에 읽은 책을 한 페이지로 정리해서 말해 보세요."

순간 당황했다. 책은 보고서처럼 명확하게 구조화돼 있지 않기도 하고, 목차도 길어서 짧은 시간에 요점을 정리하기란 쉽지 않았다.

나는 A4 용지 1장을 요청해 미첼 쿠지와 엘리자베스 홀로웨이가 쓴 《당신과 조직을 미치게 만드는 썩은 사과》의 요점을 정리했다. 참고로 이 책은 조직 내 구성원의 의욕을 저하시키고 망가뜨리는 썩은 사과를 다룬다. '한 명의 썩은 사과가 조직 전체를 무너뜨릴 수 있다'는 것이 핵심 메시지다.

나는 3가지 관점에서 이 책의 내용을 정리했다. 개인, 팀, 조직. 그리고 썩은 사과가 이 3가지 관점에서 어떤 영향을 미치는지를 A4 용지 좌측에 정리했다. 우측에는 '따라서 썩은 사과에 대한 선제 관리가 필요하다'는 핵심 메시지를 적었다.

이렇게 정리한 것을 토대로 발표했다. 당시 내가 정리를 잘했는지는 모르겠지만, 책의 내용을 평가하려는 목적이 아니었기 때문에 면접은 잘 마무리됐고 합격이라는 결과를 얻었다.

다른 회사에 최종 합격해 입사는 하지 않았다. 하지만 쉽게 할 수 없었던 이 경험은 어떤 면접이든 잘할 수 있을 거라는 자신감을 심어 줬다. 특히나 알고 있는 지식이나 경험을 한 장으로 요점만 정리한다는 것이 얼마나 중요한지도 알았다.

앞서 말했듯이 요점 정리는 우리의 일상이다. 요점 파악으로 시작해 요점 전달로 끝난다고 해도 과언이 아니다. 아침에 일어나서 저녁에 잠을 잘 때까지 우리는 누군가와 끊임없이 문서로, 말로 소통하며 요점을 파악한다.

만약 당신이 책은 읽었는데 무슨 내용인지 모르겠다면, 발표를 해야 하는데 횡설수설하고 있다면, 열심히 공부했는데 머릿속이 암흑이라면, 중요한 비즈니스 회의에서 요점을 파악하지 못해 계약을 실패했다면, 친구에게 항상 엉뚱하다는 소리를 듣는다면, 연인과 제대로 된 대화가 되지 않아 고민이라면 요점 정리가 필요한 시간이다. 이제 '요점 정리' 능력을 키워 명확하고 깔끔한 인생을 살아 보자.

차례

프롤로그 일, 학업, 대화에서 요점 파악이 힘든 당신에게　　　5

1장
요점 정리만
잘해도…

요점의 의미부터 요점의 본질까지

01　초등학생부터 직장인까지 어려워하는 요점 파악　　　17
02　정보의 홍수 속 더욱 중요해진 요점　　　23
03　본질을 알아야 알맹이를 얻을 수 있다　　　28

2장

긴 내용도 한눈에
요점 파악하는 법

관점 설정부터 키워드 도출까지

04	핵심만 남기고 군더더기는 버려라	37
05	나만의 생각을 디자인하라	41
06	내 관점이 있다면 요점이 흔들리지 않는다	46
07	무턱대고 정리하면 핵심에서 벗어나기 쉽다	52
08	맥락을 이해하며 꾸준히 읽어라	57
09	뼈대만 알면 요점 정리가 수월해진다	64
10	물음표든 느낌표든 일단 적어라	69
11	키워드를 알아야 요점이 보인다	72

3장
구구절절 설명하지 않고 요점만 담아 요약하는 법

4단계 요약 기술부터 실전 적용까지

12	어떻게 핵심 내용만 요약할 수 있을까?	81
13	요약의 1단계: 목적의식을 가져라	86
14	요약의 2단계: 구조를 파악하라	93
15	기획서와 보고서에서 사용하는 문제 해결 구조	97
16	새로운 아이디어를 담는 기회 활용 구조	103
17	사설과 칼럼에서 사용하는 진단 제안 구조	108
18	홍보 기사에서 사용하는 가치 비교 구조	112
19	요약의 3단계: 핵심 추출하기	117
20	요약의 4단계: 구성 정리하기	124
21	개조식으로 재구성하고 항목별로 정리하라	130
22	목차를 묶어 글의 구성을 정리하라	135
23	요점 정리의 기본 틀을 만드는 훈련법	140
24	주장이 명확한 글에서 요점을 정리하는 기술	144
25	표현 방식이 다양한 책에서 요점을 정리하는 기술	150
26	보고서에서 요점을 정리하는 기술	158
27	글의 패턴만 알면 요점 찾기가 쉬워진다	163

4장

횡설수설하지 않고
요점만 명확하게 전달하는 법

말하기 습관부터 글쓰기 습관까지

28	왜 내 말을 이해하지 못할까?	173
29	메시지를 강조하고 세부 내용을 설명하라	182
30	3가지 근거로 이야기하라	187
31	피라미드 구조로 메시지를 전달하라	195
32	상황, 문제점, 해결방안 3가지로 표현하라	202
33	설득력을 높이려면 반전 스토리를 활용하라	209
34	표현력을 기르는 최고의 방법, 독서	217
35	요점만 끄집어내는 독서법, 발췌독	223
36	아는지 모르는지 알고 싶다면 글을 써라	229
37	입을 열어야 생각이 정리된다	234

요점 정리만
잘해도…

요점의 의미부터 요점의 본질까지

01

초등학생부터 직장인까지
어려워하는 요점 파악

초등학생부터 성인까지 문해력이 이슈다. 이른바 국·영·수에서 국어가 다크호스로 떠올랐다. 문해력은 읽은 것을 소화해 자신의 말로 쓰고 표현하는 능력이다. 문해력이 뛰어난 사람은 생각을 체계적으로 정리해서 설명한다. 당연히 그 사람의 머릿속은 잘 정돈된 책장처럼 구조화돼 있다. 여기서 핵심은 '요점 정리'다.

"요점 파악하는 방법 좀 알려 주세요"

인터넷을 조금만 검색해 보면 사람들이 요점 파악을 얼마나 힘들어하는지 알 수 있다. 초등학생은 체험학습 보고서 작성이 어렵다고 한다. 박물관이나 유적지 등을 다녀오면 보고서를 써야 하는데 어떻게 정리해야 하는지 모르겠다는 것이다.

중·고등학생은 어떤가? 시험공부를 위해 요점 정리를 해야 하는데, 잘되지 않는다고 말한다. 대학생과 대학원생은 과제를 수행하기 위해 논문을 보는데 내용 정리가 막막하다고 한다. 직장인도 마찬가지다. 보고서 수십 장을 한두 장으로 요약해 요점을 말해야 하는데 방법을 모르겠다고 말한다. 이렇듯 '요점 정리'에 관한 궁금증은 끝이 없다. 실제로 어떤 궁금증이 있는지 보자.

"문제를 풀 때 요점들을 잘 파악하는 방법이 따로 있나요? 요점인지 파악이 안 될 때가 많아요."

"올해 초등학교 4학년인데, 성적이 자꾸 떨어져서 요점 파악하는 방법을 알고 싶어요."

"가끔 상대가 정확하게 정보를 전달해도 말의 요점을 파악하지 못해요. 도대체 뭐가 문제일까요?"

"시험 칠 때 요점 정리한 것만 보려고 하는데, 막상 정리하려고 하니 교과서에 있는 게 다 중요해 보여서 뭘 적어야 할지 모르겠어요."

"요점만 파악해 보고서를 만들어야 하는데, 다 쓰고 보니 책을 베껴 버렸어요. 구조만 잡아 주세요."

"논술을 준비하는데 요점 정리 문제에 답하기가 힘들어요."

요점을 모르면 요약할 수 없다

한 대학생이 4차 산업혁명에 관한 보고서를 써야 하는데 어떻게 써야 할지 고민인 상태다. 자료가 부족해서 고민일까? 아니다. 인터넷에 4차 산업혁명이란 키워드를 검색하면 수백 개의 보고서가 나온다. 핵심은 4차 산업혁명 자료의 요점을 어떻게 정리할지다. 우리는 보통 이런 보고서를 작성하기 위해 관련 자료를 훑어 보고, 핵심 내용을 파악해서 보고서의 목차를 잡는다.

그런데 요점 파악이 안 된다면 어떨까? '4차 산업혁명이란 개념은 알겠는데, 그래서 이걸 어떻게 정리하지?'라는 생각이 들 것이다. 핵심 단어를 알면 단어를 중심으로 어찌 됐든 내용을 구성해 볼 수 있으니 그나마 다행이다. 하지만 핵심 단어를 파악하는 것만으로는 안 된다.

우리는 인풋보다 아웃풋이 중요한 시대에 살고 있다. 지식의 양을 늘리는 것도 중요하지만 머릿속 지식을 정리해서 전달하는 것이 더 중요하다. 그렇다고 요약이 아닌 축약을 하면 의미 없는 정보만 생성된다. 그런데 사람들은 요점을 파악해 요약을 하라고 하면 축약을 해 버린다. 어떻게 될까? 글의 의미가 제대로 와 닿을까? 보고서라면 주장과 근거가 잘 담길 수 있을까?

다음은 한 회사의 서비스 광고 기사다. 제목은 '인터넷 강의로 독서 습관을 향상시킬 수 있다'고 말하지만 내용은 '○○ 중학 서비스' 소개가 핵심이다. 이 기사의 요점만 정리한다면 어떻게 할 수 있을까?

〈중등 논술 공부 고민, 인강으로 충분… '독서 습관 능력 향상에 도움'〉

내신 성적 관리에 힘쓰는 중학생들은 논술 공부나 비교과 공부를 소홀히 하는 것에 대한 대비도 필수적으로 해야 한다. 중등 논술의 경우 추후 고입이나 대입 시험에서 중요한 당락 여부를 결정하는 열쇠가 될 수도 있기 때문이다. (중략) ○○ 교육의 자회사 ○○ 교과서가 만든 중등 인강 '○○ 중학'은 학생들이 논술 공부도 쉽고 재미있게 할 수 있도록 다양한 과정을 선보이고 있다.

○○ 중학이 선보이고 있는 중등 논술 과정은 독서 활동부터 논술 첨삭, 논술 강의와 독서 능력 진단 평가, ○○ 북클럽까지 다양하고 체계적인 과정이 탑재돼 있다. 학습생 각자가 원하는 공부를 선택해 교과 학습 외에도 실력을 쌓을 수 있는 것이 특징이다. (중략) 현재 중등 인강 ○○ 교육 ○○ 중학은 7일의 무료 체험 및 학습 상담을 진행 중이며, 포털 사이트에서 ○○ 중학을 검색하면 더 자세한 내용을 확인할 수 있다.

이 기사를 다음과 같이 요약 정리했다면 잘된 것일까? 이 내용은 포털 사이트에서 제공하는 요약봇이 수행한 결과다. 요약봇은 자동 추출 기술을 적용해서 긴 글을 짧게 줄인다.

내신 성적 관리에 힘쓰는 중학생들은 논술 공부나 비교과 공부를 소홀히 하는 것에 대한 대비도 필수적으로 해야 한다. 천재교육의 자회사 ○○ 교과서가 만든 중등 인강 '○○ 중학'은 학생들이 논술 공부도 쉽고 재미있게 할 수 있도록 다양한 과정을 선보이고 있다. ○○ 중학이 선보이고 있는 중등 논술 과정은 독서 활동부터 논술 첨삭, 논술 강의와 독서 능력 진단 평가, ○○북클럽까지 다양하고 체계적인 과정이 탑재돼 있다.

그런데 자세히 보면 요점 정리보다 발췌에 가깝다. 기사의 핵심 문장을 그대로 가져왔다. 자신의 말로 정리되지 않았다. 기사의 구조를 파악해 자신의 말로 서비스 필요성, 서비스 소개, 주요 기능, 서비스 구매 정보 순서로 정리했다면 어땠을까?

요점과 요약, 축약의 정의는 다음과 같다.

요점: 가장 중요하고 중심이 되는 사실이나 관점.
요약: 말이나 글의 요점을 잡아서 간추림.

축약: 줄여서 간략하게 함.

사람들이 요점 정리를 어려워하는 이유는 책, 보고서, 논문의 내용을 '그냥' 줄인다고 되는 게 아니기 때문이다. 무작정 내용만 줄인다면 무엇이 어렵겠는가? 단순히 100문장을 10문장으로 줄이는 건 일도 아니다. 하지만 요약의 사전적 정의에서 보이듯 핵심은 요점 파악이다. 요점을 알아야 요약이 가능하다.

02

정보의 홍수 속
더욱 중요해진 요점

요점만 파악해 요약하기를 어려워하는 사람이 많다. 그러다 보니 사람들은 책으로 지식을 쌓으려 하지 않는다. 책의 내용을 내 것으로 만들려면 요점 정리가 필요하기 때문이다. 그래서 스낵처럼 간편하게 핵심만 추린 정보를 영상으로 습득하려 한다. 디지털에 익숙하지 않은 50~60대도 신문과 책이 아닌 유튜브를 보며 세상이 어떻게 돌아가는지 파악한다.

사람들의 이런 욕구를 잘 파악한 것일까? 유튜브, TV 프로그램, 인스타그램 계정에는 '읽어 주는 사람'이 정말 많다. 그들의 전성시대다. 부동산 읽어 주는 ○○, 재테크 읽어 주는 ○○, IT 읽어 주는 ○○, 경제 읽어 주는 ○○, 유튜브 읽어 주는 ○○, 책 읽어 주는 ○○, 소설 읽어 주는 ○○, 요즘 책방: 책 읽어드립니다 등.

영상뿐만이 아니다. 이미지도 마찬가지다. 인스타그램에는 자기계발 콘텐츠가 가득하다. 특히 여러 책에서 발췌한 좋은 글귀가 넘쳐난다. 카드 뉴스를 통해 책의 줄거리도 알 수 있다. 그래서 #인생글귀 #인생명언 #좋은글귀 #짧고좋은글귀 #좋은글귀모음 등의 해시태그가 넘쳐난다. 사람들은 이런 글귀와 카드 뉴스를 보면서 자기 계발 책 한 권을 다 읽은 듯한 느낌을 받는다.

요점으로 콘텐츠를 만드는 사람들

이렇게 우리 주변의 지식을 요점만 쉽게 전달하는 사람이 많은 이유는 무엇일까? 알아야 할 내용은 기하급수적으로 증가하는데 이를 다 배우기에는 너무 힘들기 때문이다. 모든 것을 직접 공부한다고 생각해 보자. 얼마나 힘들겠는가? 일단 이게 가능한지도 의문이다.

SNS를 한번 살펴보자. 하루에도 교육 관련 광고가 수십 개씩 뜬다. 광고 속 프로그램을 듣지 않으면 나만 뒤처질 것 같다는 불안한 생각이 든다. 마치 초·중·고등학생 학부모들의 마음처럼 말이다.

그런데 이를 역으로 생각해 보자. 사람들이 어떤 지식을 이렇게 빠르게 알고 싶어 한다면 요약 능력을 길러 보는 것은 어떨까? 그렇게 한다면 유명한 유튜버가 될 수 있지 않을까?

유튜버 신사임당은 사람들이 원하는 것을 인터뷰 형식을 통해 알려 줬다. 그래서 그의 채널은 경제, 공부, 재테크, 창업 등 다양한 분야의 사람들이 인터뷰 대상자로 나온다.

인터뷰에서도 요점 정리가 중요하다. 꼭 글만 요약하는 것은 아니다. 상대가 말한 내용을 내 말로 다시 정리하는 것도 요점 정리다. 이는 상대와 내가 서로의 말에 공감하며 소통하는지를 알 수 있게 해 준다. 그런데 내가 이를 제대로 정리하지 못하면 어떻게 될까? 인터뷰 내용을 유튜브 콘텐츠를 보는 사람에게 명확하게 전달할 수 없다.

지금까지의 이야기만으로도 요점 파악이 얼마나 중요한지 느꼈을 것이다. 잘만 하면 하나의 사업을 만들어 성공할 수도 있다. 앞서 본 것처럼 내 콘텐츠가 없다면 누군가의 콘텐츠를 정리만 해도 된다. 유튜브에 얼마나 많은 요점만 제시한 콘텐츠가 있는가? 사람들이 이해하기 어려워하는, 하지만 꼭 알아야 하는 내용이 무엇인지 고민하면 그 답을 찾을 수 있다. 중요한 것은 '요점을 어떻게 파악해 콘텐츠로 정리할 것인가'다.

책을 쓰고 싶어하는 사람들이 많아졌다. 요점 정리만 잘해도 한 권의 책을 뚝딱 출간할 수 있다. 하고 싶은 말이 있어도 지금

가진 지식만으로는 책을 쓰는 데 한계가 있다. 전문가나 유명 작가도 마찬가지다. 누구나 자신이 갖고 있는 지식만으로 한 권의 책을 출간하는 것은 어렵다. 그럼 어떻게 해야 할까? 이야기하고 싶은 핵심 단어에 맞는 책을 선정해 나의 경험과 연결해 보고 요점을 파악해 정리하면 된다.

실제로 요점을 정리한 책이 많다. 박기찬, 이동현, 이윤철의 《경영의 교양을 읽는다》라는 책은 제목에서도 알 수 있듯이 경영 전문 서적이다. 책 소개를 보면 '경영의 100년사를 주도해 온 명저 30선을 엄선해 현대적 시각으로 재해석한 책'이라고 나온다. 물론 이 책을 집필한 사람들의 생각을 담은 문장도 있지만, 핵심은 명저의 요약이다. 주요 경영 서적들을 추린 뒤 해당 서적의 내용을 요점 정리하고, 현재 시점에서 이 내용이 어떤 의미를 갖는지 쉽게 풀어서 설명하는 것이다.

《책은 도끼다》라는 책도 마찬가지다. 광고인 박웅현이 쓴 이 책은 자신에게 의미 있는 책들을 소개하며 독서에 관한 생각을 전달한다.

만약 자신의 전문 분야 또는 관심 분야가 있다면 감명 깊게 읽은 책을 선정하고, 지금 소개한 책처럼 책의 핵심 내용을 요약해 자신의 생각을 덧붙여 보면 어떨까? 물론 단순히 요점 정리만 하면 안 된다. 자신의 생각이 다른 사람들이 봤을 때 의미 있는 말로 차 있어야 한다.

우리는 지금 지식이 발산되는 사회에 살고 있다. 역으로 수렴이 필요한 사회에도 살고 있다. 누군가 지식을 발산하면 다른 누군가는 이 지식을 수렴해 줘야 한다. 수많은 지식을 한 바구니에 잘 담아야 한다. 요점 정리가 필요한 시간이다.

03
본질을 알아야
알맹이를 얻을 수 있다

본질이 중요하다. 뜬금없지만 아무리 돈을 많이 벌어도 본질이 무엇인지 깨닫지 못하면 인생은 알맹이가 사라진 껍데기에 불과하다. 돈이 돈을 벌어 앞으로도 계속해서 돈을 번다고 상상해 보자. 기분이 좋을 것이다. 그런데 이런 질문을 스스로에게 해 보자.

"나는 왜 돈을 벌고 있을까?"

이 질문에 답하지 못하면 어떨까? 돈을 많이 벌어도 항상 무엇인가 부족하다고 느끼고 있지 않을까? 요점 정리도 마찬가지다.

본질을 모르고 표면적으로만 접근하면 요점 정리가 잘 될까?

단 9퍼센트만 갖추고 있는 기본기

독해력은 글을 읽고 이해하는 능력이다. 이 독해력은 모든 시험의 기초이기도 하다. 여러분이 '마음 치유를 위한 방법'이란 글을 읽고 요점을 정리했는데, 왜 마음 치유가 필요한지 이해하지 못한다면 정리한 글이 원문처럼 마음에 와닿는 글이 될까? 원문에 대한 제대로 된 이해 정도에 따라 요점 정리의 완성도가 달라진다.

본질을 파악하기 위한 독해력에 있어 기본은 어휘력이다. 매일 스마트폰을 달고 살면서 언제부터인가 우리의 어휘력이 급격히 낮아졌다. '금일'을 금요일로, '심심한 사과'를 할 일이 없어 심심하다는 뜻으로 잘못 이해해 엉뚱한 댓글을 다는 일이 비일비재하다. 그만큼 요즘은 어휘력, 독해력, 문해력 부족의 문제가 수시로 발생하고 있다. 다음 문장 중 밑줄 친 단어가 적절한지 판단해 보자.

① 코로나와 감기는 증상이 비슷해 <u>혼돈</u>하기 쉽다.
② 영화 시작 후에는 예매 취소가 <u>불가피</u>합니다.

첫 번째 문장의 '혼돈'은 맞을까? 틀렸다면 어떤 단어를 써야 할까? 답은 '혼동'이다. 혼돈은 '마구 뒤섞여 있어 갈피를 잡을 수 없음. 또는 그런 상태'를 의미한다. 반면 혼동은 '구별하지 못하고 뒤섞어서 생각함'이다. 그래서 '코로나와 감기는 증상이 비슷해 혼동하기 쉽다'고 해야 한다.

'불가피합니다'는 어떻게 표현해야 할까? 불가피하다는 '피할 수 없다'는 뜻으로 보통 '경쟁이 불가피하다'라고 표현한다. 그렇기 때문에 '영화 시작 후에는 예매 취소가 불가하다'라고 해야 한다. '불가하다'는 '가능하지 아니하다'를 의미한다.

EBS 〈당신의 문해력〉에서 중학교 3학년 학생 대상으로 위와 같은 문제로 어휘력 진단 평가를 실시했다. 그 결과 0~43점은 11퍼센트, 44~87점은 80퍼센트, 88~100점은 9퍼센트였다. 여기서 0~43점은 교과서를 읽어도 내용을 파악하지 못하는 수준이고, 44~87점은 전반적인 내용만 이해하는 수준이며, 88~100점은 교과서의 세부 내용까지 파악하는 수준이다. 학생들이 얼마나 어휘력이 부족한지를 알 수 있다. 중요한 것은 이 결과가 20년 전의 결과라는 점이다. 지금은 문해력이 더 낮아졌다.

어휘력은 독해력의 기본이고, 독해력은 본질 이해 과정의 핵심이다. 그리고 그 본질이 요점 정리의 첫 번째 단계다. 본질에는 글쓴이의 의도가 담겨 있기 때문이다. 김정운의 《에디톨로지》를 생각해 보자. 이 책은 세상의 모든 것이 편집이라고 말한다. 주변에 새로운 건 없다는 이야기다. 편집돼서 새로운 것이 만들어질 뿐이다. 그래서 "창조는 편집이다"라는 부제가 달렸다.

그런데 누군가 이 책을 읽고 "세상에 새로운 것은 없어. 그냥 편집된 것뿐이야"라고 요점을 정리했다. 작가가 전하려는 핵심 메시지와 일치할까? 아니다. 이 책의 앞부분에는 "에디톨로지는 인간의 구체적이며 주체적인 편집 행위에 관한 설명이다"라고 적혀 있다. 즉 주체적이어야 한다는 것이 핵심이다.

일을 할 때도 그렇다. 보고서 작성자가 왜 지금 보고서를 작성해야 하는지에 대한 명확한 문제의식이 없으면 똑같은 내용처럼 보여도 그 안에 세세한 내용 구성이나 단어에서 차이가 두드러진다. 그게 바로 본질의 힘이다. 겉은 똑같아도 진품과 가품의 차이가 그 제품을 사용하거나 만질 때 알 수 있는 것처럼 본질을 이해하는지에 따라 요점 정리의 완성도가 달라진다. '왜'가 없이 '어떻게', '무엇을'은 없다. 일단은 '왜'라는 본질을 잡아야 한다.

글의 내용보다 목적이다

요점 파악을 힘들어하는 사람의 특징 중 하나는 글의 목적보다 내용에 더 힘을 쏟는다는 점이다. 그런데 내용에 집중해도 목적을 모르면 그 글은 텍스트일 뿐이다. 글의 내용을 하나의 관점으로 묶을 수가 없다. 글을 읽고 있어도 수많은 글의 파편이 머릿속에서 오갈 뿐이다. 타자 실력을 늘리기 위해 키보드로 하늘에서 내려오는 단어만 보고 치는 것과 같다.

요점 파악은 이런 내용이 있다고 알려 주는 것이 아니다. 글이 이런 목적을 갖고 있고, 그 이유 때문에 이런 내용을 말하고 있다는 것을 알아야 한다. 세부 내용에 관심이 있으면 원문을 읽어 보면 된다.

요점이 담긴 요약본만으로 글의 모든 내용을 이해하려는 것은 욕심이다. 요점 정리의 목적은 글을 쓴 사람의 의도와 목적을 파악해 글의 기본 흐름과 핵심 파악에 있다. 책이나 논문의 요약본을 보려고 했던 이유가 무엇인지 스스로 생각해 보자. 세부 내용을 다 이해하기 위해서일까? 그보다는 책이나 논문을 읽는데 핵심 파악이 되지 않아 어떤 흐름으로 봐야 하는지가 가장 큰 이유가 아니었을까?

껍데기만 보면 껍데기로 끝날 수밖에 없다. 알맹이를 얻고 싶으면 본질을 봐야 한다. 껍데기만 보고 지레 겁먹거나 껍데기만 보다 정말 좋은 것을 놓치는 실수를 해서는 안 된다.

사람들이 사이먼 사이넥의 베스트셀러 《나는 왜 이 일을 하는가?》를 읽고 기억한 것은 단 하나였다.

'골든서클.'

가장 안쪽에는 '왜', 그다음에는 '어떻게', 가장 바깥에는 '무엇을'이 그려져 있는 그림이다. 이 골든서클 외에 기억 남는 것이 있다면 애플의 광고 사례다. 광고 내용은 이렇다.

"애플은 모든 면에서 현실에 도전합니다. '다르게 생각하라!'라는 가치를 믿습니다. 현실에 도전하는 하나의 방법으로 우리는 유려한 디자인, 단순한 사용법, 사용자 친화적 제품을 만듭니다. 그리하여 훌륭한 컴퓨터가 탄생했습니다. 사고 싶지 않으세요?"

왜 사람들은 이 책을 읽고 골든서클과 애플의 광고 사례만 기억할까? 사실 이 골든서클을 더 잘 적용하기 위해서는 '왜'의 명료함, '어떻게'의 원칙, '무엇을'의 일관성이라는 골든서클의 구체적인 내용을 기억해야 하는데도 말이다. 그건 골든서클이 이 책의 핵심이고 작가의 목적이 담겨 있기 때문이다. 세세한 내용과 다양한 사례는 골든서클이란 개념을 신뢰성 있게 보여 주기 위한 포장지다.

본질을 알았다면 사실 요점 정리의 흐름도 다를 수 있다. 사람들은 책의 목차대로 요점을 정리한다. 하지만 골든서클의 구성 요소를 중심으로 요점을 정리해 볼 수도 있다. 굳이 목차대로 정리할 필요가 전혀 없다. 목차대로 하든 골든서클 중심으로 하든 핵심 메시지는 같기 때문이다.

 일이든 공부든 기본은 본질의 이해다. 본질을 모르면 겉만 화려해지고 내용이 부실해진다. 부실한 내용은 어떤 형태로 표현되든 부실할 뿐이다. 책을 읽을 때도 마찬가지다. 책을 읽는 행위의 본질이 무엇인지 모르고 무작정 읽기만 한다면 머릿속에 지식이 차곡차곡 쌓이지 않는다. 아마 바람이 불면 다 날아갈 것이다. 본질이 무엇인지 모르고 하는 행동은 의미가 없다. 출발이 불안하면 과정도 결과도 좋지 않다. 항상 출발이 중요하다.

긴 내용도 한눈에
요점 파악하는 법

관점 설정부터 키워드 도출까지

04
핵심만 남기고 군더더기는 버려라

'요약' 하면 떠오르는 문장이 있는가?

"한 장으로 좀 정리해 주세요."

나는 가장 먼저 이 문장이 떠오른다. 한 장으로 정리하는 이유는 한 번에 핵심을 파악하기 위해서다. 요점이 그 핵심이다.

패트릭 G. 라일리의 베스트셀러 《The One Page Proposal: 강력하고 간결한 한 장의 기획서》에서는 원 페이지 기획서가 단순히 문서 내용을 줄이는 것이 아니라고 말한다. 하나의 문서 그 자체로 완결성이 있어야 한다는 말이다.

사람들은 요점만 원한다

적게는 몇 쪽, 많게는 수백 쪽에 이르는 보고서를 당신이 본다면 어떨까? 하루에도 몇 건씩 올라오는 결재 문서에 이런 보고서가 첨부되어 있다면 지치지 않을까? 어떤 상사는 처음부터 보고서를 읽기가 귀찮아 팀원을 불러 핵심이 무엇인지 묻는다. 그만큼 사람은 요점만 담긴 보고서를 좋아한다.

컨설팅 보고서는 대개 100장 이상이다. 그런데 고객이 활용하는 양은 많아야 10장 내외다. 세부 근거 자료는 빼고 핵심만 추리다 보니 그렇다. 국회의원들에게 예산과 관련해 사업 기획 보고서를 전달할 때 한 장으로 정리된 문서가 올라간다. 추진하는 사업이 무엇이고 왜 필요하며, 소요되는 예산과 기대 효과가 한 장으로 압축된다. 이 작업을 하려면 두꺼운 사업 기획 보고서에서 상대가 원하는 것이 무엇인지 파악해 관련 내용을 재구성해 한 장으로 만들어야 한다.

컨설팅 부서에서 일할 때도 마찬가지였다. CEO 보고용 보고서 작업을 할 때는 어떤 내용을 살리고 이를 어떻게 효율적으로 전달할지를 고민했다. 때로는 수백 장을 펼쳐 놓고 핵심 페이지를 추린 다음 그중에서 다시 핵심 메시지를 도출하는 작업을 하며 밤을 새기도 했다.

이처럼 요점 파악과 정리는 생각보다 어렵다. 내가 아닌 다른 사람이 봐야 한다면 더 어렵다. 이런 것을 보면 '왜 우리는 요점 정리에 대해 제대로 배우지 않았나' 하는 생각이 든다. 어떤 문서를 한 장으로 요약해 오라는 말은 많이 들어 봤지만 어떻게 해야 하는지는 들어 본 적이 없다. 아마도 요점을 파악해 요약하는 과정은 문서 작성자의 몫으로만 생각했기 때문인듯 하다.

도요타 직원들은 종이 1장에 전체를 담는다

일본의 자동차 제조 기업인 도요타에는 1장으로 문서를 만드는 문화가 있다. 1장의 문서는 한눈에 전체가 보여야 하고, 틀이 있어야 하고, 틀마다 제목이 붙어 있어야 한다. 예컨대 문제 해결 관련 보고서라면 명확한 문제, 현재 상태 파악, 목표 설정, 원인 분석, 대책 입안, 실시 결과, 이후의 과제 등의 내용이 1장 안에 제시돼야 한다. 앞서 말한 번역서에서도 제목, 목표, 논리적 근거, 재정, 현재 상태, 실행이란 목차를 제시한다.

이를 보면 요점 정리의 핵심은 '전체'와 '틀'이다. 전체 내용 중 핵심 사항이 누락되지 않아야 한다. 또 어떤 틀이 있어야 흐름 파악이 쉽다. 전체 내용 중 핵심이 누락되거나 틀이 없어 무슨 소리를 하는지 알 수 없다면 요점 정리가 제대로 되지 않았을 가능성이 높다.

　책, 논문, 보고서 등을 한 장으로 정리해야 한다면 요점이 무엇인지 파악하자. 그리고 요점을 묶고 재배열하는 연습을 해 보자. 그러면 요점 정리가 무엇인지 감이 올 것이다.

05
나만의 생각을 디자인하라

'디자인(design)'이란 단어는 라틴어 '데시그나래(designare)'에서 왔다. 데시그나래는 분리를 뜻하는 'de'와 기호를 의미하는 'signum'이 결합된 단어다. 이를 해석하면 '기호를 분리한다'이다. 글쓴이의 글은 기호와 같다. 우리가 자주 쓰는 말 중에 이런 말이 있다.

"그 책은 무슨 암호 같아."

말 그대로 문장이 있지만 그 글을 제대로 이해하기 어렵다는 뜻이다. 그래서 텍스트는 암호가 된다. 글쓴이는 말하고 싶은 것을 수많은 문장으로 보여 준다. 요점 정리는 글쓴이의 글을 분해하는 작업이다. 분해는 필연적으로 재구성을 수반한다. 그래서 요점 정리는 디자인이란 뜻을 담고 있다.

디자인의 의미만 봐도 그렇다. 디자인은 '설계한다'는 의미다. 요점 정리는 글쓴이의 의도를 파악하고 이를 재설계하는 작업이다. 즉 요점 정리는 분해와 결합을 통한 재구성의 작업이라 할 수 있다.

냉장고는 꼭 네모 형태여야 할까?

글쓴이의 생각을 파악하려면 일단 내가 가진 고정 관념을 버려야 한다. 새로운 제품을 디자인한다고 생각해 보자. 냉장고는 네모의 형태여야 한다는 고정 관념을 갖고 있으면 새로운 것을 만들 수 있을까? 새로운 냉장고를 만드는 작업에 제대로 몰입할 수 있을까? 그렇지 않다. 요점 정리도 마찬가지다. 글쓴이가 쓴 텍스트의 의도를 파악하려면 일단 고정 관념을 버리고 글쓴이한테 몰입해야 한다. 같은 단어를 쓴다고 해서 같은 의미를 말하는 것은 아니기 때문이다.

예컨대 추억이란 단어를 생각해 보자. 많은 사람에게 추억은 긍정의 의미를 담고 있다. 하지만 어떤 사람에게 추억은 의미 없거나 부정의 의미를 담고 있을지 모른다. 수많은 시행착오와 고

난의 경험일 뿐일 수도 있기 때문이다. 이렇듯 글쓴이의 입장에서 생각하고 맥락을 파악해야 완벽한 요점 정리가 가능하다. 그러지 않으면 누구의 글도 아닌 내 멋대로의 요점 정리가 된다.

그렇다고 글쓴이의 생각에 너무 빠져 버리면 반쪽짜리 요점 정리밖에 되지 않는다. TV 프로그램을 보다 보면 무의식적으로 자막을 본다. 자막은 예능 프로그램 출연자의 캐릭터를 우리에게 심어 준다. 자막이 없다면 분명 같은 내용이었는데도 다른 느낌일 것이다. tvN 〈삼시세끼〉처럼 출연자들이 세 끼를 만들어 먹는 모습을 담아내는 예능 프로그램을 자막 없이 본다면 어떤 느낌일까? 고양이나 개의 모습을 자막 없이 보여 준다면 어떨까? 그 동물이 있는지도 알아챌 수 없다. 프로그램 자체가 재미없을지도 모른다.

TV 자막처럼 글쓴이에게 너무 빠지면 나만의 시각이 사라진다. 요점 정리는 주체성 있는 활동이다. 글쓴이의 생각을 일단 이해했으면 그다음은 자신의 생각을 가지고 글을 보고 의미를 찾아야 한다.

센스 메이킹이 필요하다

'지각하는 능력'을 뜻하는 센스 메이킹이란 단어가 있다. 이 능력은 감지, 해석, 의미 찾기라는 과정을 거친다. 감지는 외부 환경의 변화를 느끼는 단계다. 느꼈으면 이제 나만의 관점과 프레임을 가지고 해석한다. 마지막 감지는 해석을 통해 내가 찾은 의미가 무엇인지를 생각해 보는 단계다.

우리는 센스 메이킹처럼 요점 정리를 해야 한다. 자신의 관점에서 주체성을 갖고 글을 어떻게 볼지 고민해야 한다. 글쓴이의 텍스트를 해석하고 자신의 관점에서 어떤 의미가 있는지를 찾아야 한다는 뜻이다. 의미는 나만의 언어로 표현한다. 이때 진정한 요점 정리가 된다.

《에디톨로지》에서 말한 것처럼 요점 정리는 창의적으로 편집하는 과정이다. '창의'가 꼭 완전히 새로운 것을 뜻하지는 않는다. 《에디톨로지》에서는 김용옥과 이어령을 언급하며 자신의 이야기를 하는 게 중요하다고 말한다. 작가는 김용옥을 "학문적 텍스트에서 '나'라는 주어를 처음 쓴 사람"으로, 이어령을 "텍스트의 끝없는 해체와 재구성"을 시도하는 사람이라고 설명한다. 요점 정리는 김용옥과 이어령의 결합이다. 어떤 글이든 내가 있어야 하고 그 글은 수많은 글을 해체하고 재구성한 결과물이이어야 한다.

어쩌면 우린 반쪽짜리 정리를 해 왔는지 모른다. 시험에서 점수를 잘 받기 위해 최대한 글쓴이의 생각을 파악하려 했다. 그러다 보니 나의 관점은 사라졌고 키워드를 파악하는 기술만 늘었다. 이제 주체적인 요점 정리를 해 보자. 나만의 요약 글을 만들어 보자.

어떤 연구자는 이를 "독자 관점에서의 요약"이라고 표현하기도 한다. 어떻게 표현하든 '나의 관점'에서 원문을 어떻게 바라보는지가 중요하다. 그래야 요점 정리가 디자인이 되고 이 디자인은 나의 글이 된다.

06
내 관점이 있다면
요점이 흔들리지 않는다

"나는 '_____'라고 생각합니다."

어떤 주제에 관해 물어봤을 때 위의 문장처럼 대답하는 사람이 생각보다 없다.

"뭐… 저는 잘…."
"이런 것 같기도 하고….'

이런 식으로 대답하는 경우가 흔하다. 대답 자체가 문제는 아니다. 문제는 어떤 글을 봐도 내 생각을 제대로 표현하지 못한다는 점이다. 지금까지 우리는 자신의 생각을 갖고 말해야 한다고 배워 왔다. 그런데 현실은 어떨까? 자신의 생각을 말하면 반응이 별로 좋지 않아서인지 표현을 주저하는 사람이 많다.

작가와 독자의 관점 차이

요점 정리에는 작가와 독자라는 2가지 관점이 있다. 여기서는 어떤 글이든 쓰는 사람은 작가, 그 글을 읽는 사람은 독자라고 하겠다. 모든 작가는 자신의 관점을 가지고 글을 쓴다. 나 또한 그렇다. 나는 이 책에서 요점 파악을 위한 핵심 능력으로 독해력, 사고력, 표현력을 강조한다. 하지만 누군가는 요점 파악을 위해 그것만 있으면 되는지 물을 수도 있고, 이 3가지가 아닌 다른 3가지를 말할 수도 있다. 하지만 관점에는 정답이 없다. 더 정확히 말하면 누가 더 바람직한지, 정확한지 정도를 이야기할 수 있겠다.

소설을 쓰는 작가는 소설의 주인공, 주인공과 주변 인물의 관계, 그 속에서 벌어지는 사건 등을 통해 자신이 말하고 싶은 가치를 전달한다. 정의, 행복, 죽음, 폭력, 불평등, 인간성 등 가치의 종류는 너무나도 다양하다. 작가는 이 가치들에 대해 자신이 어떤 생각을 가졌는지, 사람들이 어떤 생각을 하면 좋겠는지를 소설을 통해 전달한다.

비소설은 어떨까? 한병철의 《피로사회》에서는 우리가 점점 피로해지는 이유가 우리 스스로를 착취해서라고 말한다. 뭐든지 할 수 있다고 말하는 긍정 사회가 오히려 사람들이 스스로를 착취하게 만든다는 것이다. 아무 생각 없이 피로사회라는 제목만 보면 누군가가 우리를 피로하게 만든다고 생각할 수 있다.

하지만 이 책의 관점은 '우리가 스스로를 피로하게 만든다는 것'이다. 그래서 "과도한 노동과 성과는 자기 착취로까지 치닫는다. 자기 착취는 자유롭다는 느낌을 동반하기 때문에 타자의 착취보다 효율적이다"라고 말한다. 이 책을 읽을 때 핵심은 어떤 관점에서 '피로'를 봐야 하는지 파악하는 것이다.

일반적인 경영 서적은 어떨까? 노나카 이쿠지로의 《지식경영》은 기업의 경쟁 우위를 '지식'에 둔다. 일반적으로 제품, 기술이 경쟁 우위 확보에 핵심이라고 생각하겠지만 이 책은 조직이 보유한 지식을 통해 기업의 경쟁력이 발현될 수 있다고 본다. 지식이 곧 기업의 역량을 높이는 엔진이라는 것이다. 그런데 작가의 관점을 이해하지 못하거나 지나친다면 지식경영이 얼마나 중요하고 어떻게 영향을 미치는지를 잘 설명할 수 있을까?

이런 전문 서적들이 다루는 주제에는 수많은 관점이 존재한다. 그 관점을 제대로 알아야 다른 관점과의 차이를 알 수 있고, 그 차이를 파악해야 여러 책을 읽었을 때 제대로 된 정리가 가능하다. 그렇지 않으면 이 책이나 저 책이나 모두 경쟁 우위를 강조한다고 생각해 버릴 수 있다.

자기 계발 서적도 마찬가지다. 동일한 독서 관련 서적이라 해도 일단 많이 읽는 것이 중요하다는 책이 있는 반면, 한 권을 읽어도 제대로 읽는 것이 낫다고 주장하는 책이 있다. 또 다른 책은 어떤가? 독서에는 다양한 유형이 있으니 자신의 상황에 맞춰서, 자신이 하고 싶은 대로 하면 된다고 말한다. 중요한 것은 왜 작가들이 그런 관점에서 이야기를 했는지 아는 것이다. 특히 그 작가의 경험과 배경 등의 맥락을 파악하면서 말이다.

관점이 있다는 것의 의미

맥락을 앞서 이야기한 지식 습득과 연결해 보면 다양한 지식은 여러 맥락에서 보는 힘을 키워 준다. 나는 독서 편식이 심했다. 경영학을 전공하지 않았기 때문에 업무를 위해 경제 경영 서적만 주로 읽었다. 소설은 쳐다보지도 않았다.

이런 편식은 어떤 일을 대하거나 사건을 볼 때, 조금 과장해서 말하면 효율성이나 수익성 측면에서만 생각하게 만들었다. 경영 지식이 효율성과 수익성이란 측면만 가진 게 아닌데도 말이다. 지금은 의도적으로 소설, 철학, 심리학, 행동 경제학, 자기 계발 등 여러 분야의 서적을 두루 보고 있다. 이런 측면에서 보면 관점이 얼마나 중요한지 알 수 있다.

독자 관점에서도 마찬가지다. 나의 과거처럼 한쪽으로 치우친 생각은 작가의 의도를 왜곡할 수 있다. 물론 자신의 관점을 통해 작가의 관점을 비판적으로 볼 수 있다. 하지만 그보다 먼저 작가의 관점을 이해하는 것이 중요하다. 보통 비판을 하라고 하면 작가의 관점은 생각하지 않고 자기 관점만 밀어붙이는 경우가 있다. 콜센터에 민원을 넣는 사람과 상담사의 대화가 대표적이다.

서로가 각자의 관점에서만 이야기한다면 대화가 잘 마무리될 수 있을까? 회사에서 어떤 문제가 터졌을 때 다양한 부서가 참여해 회의를 한다. 그런데 제대로 끝난 적이 별로 없다. 이유가 무엇일까? 서로의 입장만 이야기하니 그렇다. 서로의 입장을 들어보고 왜 그렇게 할 수밖에 없었는지 생각한 뒤 비판적으로 접근해야 하는데 그러지 못한 것이다.

그런데 가장 심각한 문제는 관점의 부재다. 관점이 없으면 어떤 이야기든 산으로 올라가버린다. 서로 이해할 수 없는 의미없는 말을 내뱉어버리기 때문이다.

심리학자 벤저민 블룸은 인지적 영역에서의 교육 목표를 '기억하다, 이해하다, 적용하다, 분석하다, 평가하다, 창조하다'인 6단계로 제시했다. 무엇을 제대로 안다는 것은 단순히 기억과 이해를 한다는 차원을 넘어 알고 있는 내용을 바탕으로 적용과 분석, 더 나아가 창조까지 할 수 있다는 뜻이다. 이 창조는 결국 자기만의 관점 설정이다. 자기 관점이 없다면 다른 사람의 생각에 쉽게 휘둘릴 수 있고, 스스로 '이게 맞나' 하고 생각하게 된다.

대화를 하면서 가장 답답한 때가 언제일까? 아무 생각이 없는 사람과 대화할 때다. 생각이라도 있으면 어떻게 조율이라도 해 볼 수 있는데, 생각이 없으면 조율은커녕 대화 자체가 힘들다.

요점 정리는 단순히 글을 축약하는 과정이 아니다. 누군가의 생각 이해도 필요하고 내 의견도 있어야 하기 때문이다. 요점 파악을 통한 요약 과정을 축약으로 생각하는 순간, 요약봇으로서의 역할밖에 할 수 없다. 요약봇은 관점이 없다. 관점이 없으면 누군가의 말에 흔들리기 쉽다.

07
무턱대고 정리하면
핵심에서 벗어나기 쉽다

 요점 파악을 잘하기 위해 어떤 능력이 필요할까? 가장 먼저 떠오르는 단어는 '정리'다. 사람들은 무엇인가 많이 있으면 일단 정리해야 한다고 생각한다. 틀린 이야기는 아니다. 정리를 잘하면 당연히 요약도 잘한다. 요점 정리라는 말이 괜히 나오지 않았을 것이다. 그런데 좀 더 생각해 보자. 정리는 어떻게 해야 할까? 방 정리를 생각해 보자.

 딸아이는 그림 그리고 만드는 것을 좋아한다. 매일 색종이와 다양한 스티커를 오리고 붙여 새도 만들고 가방도 만든다. 그림을 그릴 때는 물감, 색연필, 사인펜을 꺼낸다. 친구라도 오면 종일 수십 번씩 공주 드레스를 갈아입는다. 그러다 보면 방은 정말 전쟁터나 다름없다. 정리를 하라고 하면 당연히 딸아이는 싫다고 한다. 자기가 봐도 어떻게 정리해야 할지 막막하기 때문이다. 설사 한다 해도 짧은 시간 내에 되지 않는다. 아이를 빨리 재우고 쉬려면 어쩔 수 없이 나나 아내의 손이 닿아야 한다.

자녀를 가진 부모라면 이런 상황을 매일 맞닥뜨린다. 이때 여러분은 어떻게 정리를 하는가? 그냥 아무 생각 없이 서랍에 다 넣는가? 그것은 정리가 아니다. 잠시 피난처를 만든 것뿐이다. 정리를 위해서는 어지러진 상황에 대한 이해가 필요하다. 그 뒤 정리 방법을 고민해야 한다.

요점 정리를 잘하기 위해 필요한 3가지 능력

MBC 예능 프로그램 〈나 혼자 산다〉에서 기안84의 정리되지 않은 방을 김충재가 치워 준 적이 있다. 그때 김충재는 기안84의 관점에서 기준을 설정해 옷가지와 책 등을 정리했다. 예를 들어 자주 입는 옷, 입지 않은 옷 등. 제대로 된 정리를 위해서는 상황 이해, 기준 설정 등이 필요하다. 요점 정리에 적용하면 3가지 능력이 필요하다. 바로 독해력, 사고력, 표현력이다.

첫 번째, 독해력이다.
요점을 파악하기 위해서는 내용 파악을 위한 독해력이 필수다. 책을 읽었다. 그런데 내용을 이해하지 못하면 요점 정리가 될까? 이해가 돼야 뭐라도 할 수 있고 다음 단계로 넘어갈 수 있다. 그런데 사람들은 이해하지 않고 요점 정리가 어렵다고 한다. 당연히 어려울 수밖에 없다.

여러분이 좋아하는 것을 생각해서 짧게 말해 보자. 어렵지 않을 것이다. 너무 좋아하다 보면 말이 조금 길어질 수는 있다. 그런데 하기 싫은 것을 생각해 보자. 하기 싫은 것은 대부분 자신이 이해하기 어려운 경우가 많다. 스키를 배우는 데 너무 어려우면 방법을 찾으려 하지 않고 포기하는 것과 같다.

두 번째, 사고력이다.

내용을 이해하면 요점 정리를 잘할 수 있을까?

"어떤 내용인지는 알겠는데 정리는 잘 못하겠어."

아마 많이 들어 봤을 것이다. 요점 정리에 대해서 이렇게 말한다면 상대는 무슨 생각을 할까? 내용을 모른다고 생각할 것이 분명하다. 여기서 우리에게 필요한 건 집 안 정리를 할 때처럼 관점이나 기준을 갖고 생각하는 사고력이다.

어떻게 내 생각을 정리할지에 대한 기초를 잡아야 한다. 누구나 알듯이 사고력은 감성이 아닌 이성의 영역이다. 마음에 드는 사람에게 "네가 그냥 좋아"라는 말은 감동적이다. 하지만 요점 정리에서는 "나도 혼란스러워"라는 표현의 다른 말일 뿐이다.

세 번째, 표현력이다.

독해력과 사고력이 있어서도 잘 표현하지 못하면 이처럼 아쉬운 것도 없다. 한번 가정해 보자. 내가 다 정리해 놨는데, 누군가가 마치 자기가 한 것처럼 말하면 얼마나 억울할까? 이 표현에는 머릿속 생각을 글로 정리하는 것과 말로 표현하는 것을 모두 포함한다.

사람들은 책을 본 뒤 머릿속으로 정리가 끝나면 글이나 말로 잘 표현할 수 있다고 생각한다. 하지만 현실은 그렇지 않다. 분명 좋은 아이디어를 머릿속으로 다 구상했다고 생각했는데 막상 적어 보면 구멍투성이인 경우가 많다. 반짝거리던 아이디어가 실제로는 너무 구멍이 많아 형편없는 아이디어가 된다.

내가 책을 기획할 때도 마찬가지다. 분명 여러 책을 읽고 머릿속으로 정리를 다 했다고 생각했는데, 막상 적어 보면 논리와 흐름이 맞지 않는 경우가 많다. 이뿐인가? 분명 머릿속 서랍에 차곡차곡 정리를 해서 잘 설명할 수 있으리라 확신했는데, 막상 그 서랍이 순서대로 잘 열리지 않아 당황했던 적도 많다. 그래서 일단 좋은 아이디어는 머릿속으로만 구상할 것이 아니라 적으면서 아이디어를 발전시켜야 한다.

누군가가 "정리만 잘하면 돼"라는 말을 했다면 그 속에 얼마나 많은 숨은 능력이 필요한지를 알았으면 한다. 요점 정리는 단순 기술이 아니다. 글쓰기처럼 예술이다. 어떻게 요점을 파악하느냐에 따라 요점을 정리해 요약한 글이 원문보다 더 나을 수도 있다. 모든 글이 논리 정연한 것은 아니기 때문이다. 다양한 유형의 글을 많이 읽어 본 사람이라면 요점 정리가 꼭 내 능력에 달린 것만은 아님도 알 수 있다. 그러니 요점 정리가 어렵다고 자책할 필요도 없다. 지금부터는 요점 정리를 위한 최소한의 능력 3가지에 대해 더 자세히 알아보자.

08

맥락을 이해하며
꾸준히 읽어라

"일단 무조건 많이 읽어."

국어나 영어 시험 성적을 높이려면 어떻게 해야 하는지 물으면 선생님은 늘 이렇게 대답했다. 왜일까? 책을 읽으면 글의 구조와 흐름을 파악하는 능력이 높아지기 때문이다. 그런데 이 목적만 있었을까? 나는 지식 습득도 목적이라 생각한다. 즉 시험에 나오는 지문이 어떤 목적이 있고, 어떻게 내용 전개가 될지를 미리 알아차리는 것이다. 공부를 할수록 더 그런 생각이 든다. 독해력은 지식 습득을 통해 자연스레 향상된다.

매년 승진 시험을 잘 치거나 보고서를 잘 쓰기 위해 보고서 코칭을 요청하는 사람들이 있다. 코칭할 때도 생각해 보면 지식 습득이 중요했다. 아무리 좋은 기술과 도구를 알려 줘도 역량이 쉽게 향상되지 않았다. 의지와 태도의 문제를 제외하더라도 말이다. 곰곰이 생각해 보면 내용을 이해하지 못한 상황에서 기술과 도구는 무의미했다.

AI 사업 모델 보고서를 작성하는데, AI 기술에 대한 이해도 없이 보고서를 잘 작성할 수 있을까? 잘 정리된 참고 자료만 있으면 보고서를 쉽게 쓸 수 있을까? 주제에 대한 기본 지식이 없는데 보고서를 예쁘게 만드는 기술을 알려 주면 좋은 보고서가 나올까? 기술과 도구로는 한계가 있다. 기술과 도구도 기본 지식이 있어야 빛을 발한다.

공부하지 않으면 기술은 무의미하다

독해력을 향상시키고 싶다면 기본 지식 습득을 위한 공부가 꼭 필요하다. 요점 정리 방법을 알고 싶어 하는 사람은 대부분은 요령만 알려고 한다. 이 책도 어떻게 보면 요령을 알려 주는 책이다. 하지만 기본이 없으면 아무리 요령을 알아도 요점 정리 능력은 향상되지 않는다. 일단은 다양하게 많이 읽어서 기초 체력을 쌓아야 한다.

예를 들어 책을 읽을 때 한 분야의 책을 읽은 뒤 그 분야의 지식 구조와 세부 지식이 어떤지 알 필요가 있다. 이렇게 한 분야가 정리되면 또 다른 분야로 넘어간다. 이 과정을 반복한다. 언어의 천재가 보통 한 언어를 마스터하면 다른 언어도 동일한 시스템으로 마스터하는 것과 같다. 이뿐인가? 어떤 공부를 하든 동일한 패턴이 있기 때문에 한 패턴을 알면 다른 분야에 적용하는 것은 어렵지 않다.

한 분야를 제대로 알기 위해 나는 그 분야의 책을 20권 정도 읽는다. 한때 2주 정도 관련 분야의 책만 읽은 적이 있다. 행동 경제학 분야였는데, 10여 권 정도 읽으니 행동 경제학이 대략 어떤 내용인지 알게 됐다.

물론 처음에는 쉽지 않았다. 휴리스틱, 전망 이론, 인지 심리학 등 평소에 들어 보지 않은 단어들이 폭풍처럼 몰아쳤다. 다양한 심리 실험은 말할 것도 없었다. 그런데 개념, 용어, 사례가 반복해서 나오다 보니 언제부터인가 머릿속에서 거부감이 없어졌다. 그러면서 내용도 눈에 들어왔다.

10여 권의 책으로 행동 경제학이란 학문을 제대로 안다는 것은 말도 안 되는 일이다. 하지만 그 학문이 어떤 것을 연구하는 학문이고 핵심이 무엇인지 아는 것은 가능하다. 그것만 알아도 행동 경제학, 인지 심리학 등 관련 내용에 대한 초기 장벽은 허물 수 있다. 좀 더 깊이 이해하고 싶다면, 참고 문헌 목록의 책이나 논문을 읽으면 도움이 된다.

맥락을 모르면 오해하기 쉽다

지식이 어느 정도 습득됐다면 이제는 맥락 파악의 시간이다. 사람들이 간과하는 것 중의 하나다. 우리가 알고 있는 지식은 항상 어떤 맥락 속에 있다. 그런데 맥락을 파악하지 않고 모든 지식에 동일하게 접근하면 오류가 발생할 수 있다. 오류란 글의 의도와 다르게 해석할 수 있다는 뜻이다.

글은 가치의 표현이다. 글을 쓰는 사람은 자신의 생각을 표현하는데, 그 생각에는 지금까지 자신이 배웠던 지식과 경험이 있다. 이 지식과 경험이 곧 맥락이다. 동일한 내용도 사람에 따라 다르게 해석한다.

예컨대 "한국의 자살률은 2016년 기준 인구 10만 명당 25.8명이다"라는 문장을 보자. 이 수치는 OECD 국가 평균 관점에서 보면 높은 수치다. OECD 국가 평균은 11.6명이다. 하지만 한국의 자살률 추이 관점에서 보면 어떨까? 2010년 33.5명에서 계속 하락해 2015년에는 25.8명을 기록했다. 이런 측면에서 보면 2016년 자살률 수치는 긍정적으로 볼 수 있다.

만약 '한국은 자살 문제에 잘 대응하고 있는가'라는 주제로 토론한다고 생각해 보자. 잘 대응하고 있다고 생각해도, 잘 대응하지 못하고 있다고 생각해도 앞의 수치를 인용한다. 어떤 맥락에서 보느냐에 따라 자살률에 대한 생각이 매번 달라질 수 있다.

실제로 누군가가 말한 내용의 요점을 파악할 때 맥락을 알지 못하면 요점을 정리해도 내용 이해가 어렵다. 내가 쓴 책 중에 《테드로 세상을 읽다》라는 책이 있다. 이 책은 인생에 도움이 될 만한 강연을 요점만 정리해 놓은 책이다. 물론 강연에 대한 나의 경험과 의견도 담겨 있다. 강연의 핵심을 정리하다 보면 왜 강연자가 이런 주장을 하는지 이해되지 않을 때가 있다. 문화 차이가 큰 경우는 더 그렇다. 이런 때는 강연자가 어떤 삶을 살아왔는지를 살펴본다. 강연자의 경력, 학력, 현재 하는 일이나 사업, 블로그나 홈페이지에 쓴 칼럼 등을 보며 어떤 맥락이 담겨 있는지 파악한다.

예를 들어 에밀리 에스파하니 스미스의 '삶에는 행복보다 더 중요한 것이 있다(There's more to life than being happy)'라는 강연이 있다. 그녀는 행복보다 중요한 의미 있는 삶을 위해 유대감, 목적, 초월성, 스토리텔링을 말한다. 왜 그녀가 의미 있는 삶을 말하는지, 방금 제시한 4가지가 왜 중요한지를 알려면 맥락 이해가 먼저다.

그녀의 삶을 들여다보면 그 이유를 알 수 있다. 젊은 시절 그녀의 삶에서 채워지지 않았던 문제, 이를 알기 위한 긍정 심리학 공부가 지금의 그녀를 만들었고 이 강연의 계기가 됐다. 그러면 긍정 심리학이 무엇인지 개념만 잡고 들어가도 요점 정리가 되지 않을까?

학습은 모든 것의 기초다. 학습이 없으면 한 발도 나아갈 수 없다. 지식은 주기적으로 업데이트가 필요하다. 가능한 한 여러 분야의 지식을 통해 다양한 맥락을 이해할 수 있는 능력을 길러야 한다. 비판적 사고를 견지하면서. 지식의 양도 중요하지만 질이 더 중요하기 때문이다.

1696년에 설립된 미국의 유명 대학인 세인트존스대학교에서는 4년 동안 인문 고전 100권을 읽고 토론을 한다. 호메로스의 《오디세이아》, 플라톤의 《국가》, 니콜로 마키아벨리의 《군주론》, 지그문트 프로이트의 《정신분석학 입문》 등이다. 《세인트존스의 고전 100권 공부법》의 저자 조한별은 세인트존스대학교의 강의에 대해 다음과 같이 말한다.

"수업은 100퍼센트 토론식이에요. 강사는 '프로페서'가 아니라 '튜터'로 불리는데, 학생과 동등하게 토론에 참여하죠. 수업 시간에 말을 안 하는 학생은 배움의 의지가 없다는 평가를 받고 학교를 떠나야 합니다."

이처럼 이 학교는 다른 사람들과 토론을 통해 지식을 자신의 것으로 만드는 데 집중한다. 비판적 사고 없는 학습은 독해력 향상에 도움이 되지 않을뿐더러 단순 내용 암기가 될 가능성이 높아서다. 책을 적게 읽더라도 내용을 깨닫고 온전히 자신의 관점으로 보려는 노력이 필요하다.

09

뼈대만 알면
요점 정리가 수월해진다

제주도 여행을 간 적이 있다. 관광지는 가기 싫어 호텔에만 있기로 아내와 이야기하고 아이는 키즈 프로그램을 수강하게 했다. 프로그램은 공룡 나무 조각 만들기였다. 평범한 나무 조각 수십 개가 있었는데, 하나씩 맞추다 보니 어느새 어느새 조각들이 뼈대를 이루며 공룡의 윤곽이 나타났다.

요점 정리도 뼈대가 중요하다. 뼈대가 있어야 요점만 정리한 글도 원문과 같은 느낌을 가진다. 뼈대가 없는 글은 내용이 분산되고 원문의 의도와 다른 글이 된다. 또 뼈대가 있으면 굳이 설명하지 않아도 말하고 싶은 요점이 무엇인지 누구나 바로 알 수 있다.

글은 흐름을 가지고 있다. 흐름을 알면 글이 어떻게 전개되는지 알 수 있고 내용 이해가 쉬워진다. 만약 흐름이 없다면 어떨까? 흐물흐물거리는 낙지처럼 중심 잡기가 어려워진다.

그러면 뼈대는 무엇일까? 서론 - 본론 - 결론, 기 - 승 - 전 - 결, 발단 - 전개 - 위기 - 절정 - 결말 등 글의 흐름을 파악할 수 있는 구조다. 주장하는 글은 서론 - 본론 - 결론, 소설은 발단 - 전개 - 위기 - 절정 - 결말의 구조다. 회사에서 작성하는 보고서 배경과 목적, 현황과 문제점, 개선 방향, 개선 방안, 세부 실행 계획, 기대 효과의 구조다.

좀 더 들어가 보면 주장이 있으면 이유, 근거, 예시, 사례가 있다. 이런 식으로 글의 핵심만 뽑아서 구조를 잡을 수도 있다. 성과 보고서는 성과 검토, 목표 설정, 추진 계획의 구조다. 칼럼과 사설은 현상, 진단, 제안의 구조다. 논문은 연구 개요, 이론적 논의, 연구 가설, 연구 방법, 연구 결과, 결론과 논의의 구조다.

글의 구조만 알면 요점 정리는 반 이상 한 셈이다. 구조는 한두 번 보면 쉽게 파악할 수 있다. 다만 우리가 이런 구조에 익숙하지 않을 뿐이다.

글에 정답은 없다

요점 파악에서 중요한 건 글의 구조다. 글의 유형과 성격을 파악하면 글의 구조를 활용해 쉽게 요점 정리가 가능하다. 그런데 대부분은 세부 내용에만 집중해 자꾸 구조를 간과한다. 숲을 본 다음 나무를 봐야 하는데, 자꾸 어떤 나무가 어디에 몇 그루나 있는지 보려 한다.

누군가는 이렇게 말할지도 모른다. 글에는 다양한 유형이 있어 몇 개의 구조만으로 알 수 없다고. 맞다. 정형화된 글만 있는 것은 아니기 때문이다. 일기, 독서 감상문, 축사, 주례사 등 다양한 글이 있는데 어떻게 구조를 잡아야 하는지 물어볼 수 있다. 하지만 이런 글도 결국 누군가의 생각을 정리한 내용이다.

물론 모든 글에 정해진 구조가 있지는 않다. 그렇기 때문에 자신만의 구조를 만들면 된다. 한 예로 일기는 오늘 하루 어떤 일이 있었는지를 쓴다. 그런데 꼭 일어난 일만 쓸까? 그 일이 내게 어떤 의미 있는지 생각해 볼 수도 있다. 또 후회한 일과 감사한 일로 구분해 정리할 수도 있다. 하루 동안 생긴 일을 집, 학교, 기타 장소에서 일어난 일로 구분해 써 볼 수도 있다. 우린 글의 구조를 자유롭게 구성할 수 있다. 구조가 잡히면 스토리(흐름)는 조정하면 된다.

여행을 다녀온 뒤 글을 쓴다면 어떤 구조로 써야 할까? 가장 손쉬운 방법은 시간순이다. 시간순으로 쓰는 것이 재미가 없다면 또 다른 구조를 찾으면 된다. 인상 깊었던 장소 중심으로 구조를 만들어 보면 어떨까? 맛집, 박물관, 유적지 등으로.

다른 구조는 뭐가 있을까? 왜 여행을 갔으며 여행지에서 무엇을 보고 먹었는지, 이번 여행에서 느낀 것은 무엇이었는지, 다음 여행에서는 어떤 점을 고려하면 되는지 등의 구조로 쓸 수 있지 않을까?

정형화된 글은 학교나 회사에서 배운 구조를 가지고 하면 된다. 그게 아니라면 자신의 생각대로 구조를 만들면 된다. 구조는 누가 정해 주는 게 아니다. 자신이 만든 구조가 답이 아니라고 생각할 필요도 없다. 그런데 우리는 새로운 유형의 글을 마주할 때마다 이런 것은 어떤 식으로 써야 하는지 정답을 찾으려 한다. 글에는 정답이 없다.

아이들이 레고를 만들다 마음에 안 들면 부수고 다시 만든다. 글도 그렇다. 언제든 다시 구성해서 쓰면 된다. 머릿속에서 나와 작성된 글이 어디로 날아가는 것도 아니다. 핵심은 블록처럼 글을 이리저리 붙였다 떼었다 하면서 글을 작성하는 것이다. 블록이 마음에 안 들면 언제든지 다시 조립할 수 있다는 사실을 잊지 말자. 블록은 작가, 독자의 관점 등 다양한 조합이 가능하다. 자신의 생각을 어떤 틀에 자꾸 맞추려고 하면 그 순간부터 글의 구조가 보이지 않는다.

한 가지 팁을 말하면 글의 구조는 결국 덩어리다. 여러 덩어리가 글의 구조가 된다. 글의 구조가 보이지 않으면 유사한 내용을 중심으로 덩어리를 만들어 보자. 그러면 글의 구조가 보이기 시작한다. 이 덩어리도 앞서 이야기한 블록처럼 계속 다른 형태로 만들어 보자. 새로운 구조가 나타난다. 이를 반복하면 결국 나만의 구조를 만드는 방법을 알게 된다. 요점도 글쓴이의 관점에서 떨어져 새로운 관점으로 정리해 볼 수 있다. 물론 글쓴이의 논지를 벗어나지 않는 선에서 말이다.

10

물음표든 느낌표든 떠오르면 일단 적어라

 요점을 정리해야 한다면 무엇부터 시작하겠는가? 글을 보며 어떻게 요점을 파악할지 생각할 것인가? 아니면 일단 중요 단어나 내용을 기록하겠는가?

 '레오나르도 다빈치, 앨버트 아인슈타인, 토머스 에디슨.'

 이들의 공통점이 바로 답이다. 기록이다. 이들은 틈틈이 메모를 했다. 에디슨은 수시로 메모를 남기다 보니 노트만 3,400여 권이 있었다고 한다. 그 분량은 무려 500만 쪽이 넘는다.
 천재들이 굳이 메모를 한 이유는 무엇일까? 눈에 보여야 조금 더 생각해 볼 수 있어서다. 눈에 보이지 않으면 생각은 언제든지 사라진다. 글을 쓴다고 생각해 보자. 머릿속으로 구상만 하면 종일 첫 문장에만 매달릴지 모른다. 일단 적어야 다음 문장을 쓸 수 있다. 그 문장이 이상하더라도 또 다른 문장을 끄집어낼 수 있는 기회를 찾을 수 있다. 핵심은 적으면서 생각을 정리하고 구체화하는 일이다. 한 문장을 적고 그 문장을 보면서 다음 문장을 덧붙여 나간다.

요점 정리도 그렇다. 무엇이 요점인지 모르겠으면 중요 단어라도 하나씩 적어야 한다. 다 적고 난 뒤에는 글의 구조를 생각하며 단어를 배치해야 한다. 그러면 기본 뼈대가 보인다. 하지만 적지 않고 생각만 하면 기본 뼈대고 뭐고 생각할 거리가 없다.

어디든지 기록해야 생각이 정리된다

메모를 꼭 종이에 할 필요는 없다. 메모의 목적은 머릿속 생각을 밖으로 끄집어내는 것이다. 아무리 좋은 아이디어가 있어도 그것을 밖으로 꺼내 기록하지 못한다면 의미가 있을까?

요즘은 사람들이 브런치, 페이스북, 인스타그램 등 SNS를 통해 생각을 표현한다. 이처럼 생각을 표현한다면 어느 정도 생각이 정리된 상태다. 정리되지 않은 생각은 쓸 수조차 없기 때문이다. SNS에 기록한 메모들에 살을 붙여 책을 만들기도 한다. 메모가 책의 뼈대 역할을 한 것이다.

"나는 글을 좀 읽기는 하지만 기억력은 아주 약한 사람이다."

프랑스 철학자 미셸 에켐 드 몽테뉴는 《수상록》에서 기억하지 못하는 독서에 대한 고민을 남겼다. 조선의 지식인 다산 정약용도 이 문제를 해결하기 위해 책의 여백에 떠오르는 단상을 적기도 하고, 책의 내용을 수집하기 위해 중요한 구절을 베껴 쓰는 방법으로 책을 쓰고 공부했다고 한다. 자신의 머릿속에 떠오른 것이 느낌표든 물음표든 일단 적고 보자. 그것이 텍스트든 그래프든 그림이든 상관없다.

11

키워드를 알아야 요점이 보인다

　요점을 정리할 때는 글쓴이의 관점과 글의 흐름을 파악해 키워드를 찾는 것이 중요하다. 키워드만 제대로 파악하면 글의 얼개를 잡아 요점 정리가 가능하다. 그런데 키워드를 찾아도 요점 정리가 안 되는 이유는 무엇일까? 기본적인 쓰기 연습이 안 됐기 때문이다.

　어떻게 하면 키워드를 가지고 요약 글을 쓸 수 있을까? 먼저 각 키워드가 어떻게 연결되는지 파악해야 한다. 요약에서 단어의 나열만큼 조심해야 하는 것은 없다. 나열은 요약하는 데 최대의 적이다.

키워드 간의 흐름을 이해하기

여름, 아이스크림, 매출이라는 키워드를 가지고 주제에 상관없이 세 문장 정도를 써 보자. 어떤 글을 만들 수 있을까? 다음과 같이 써 봤다. 이 글은 키워드를 인과 관계 흐름으로 썼다. A가 B에 영향을 미치고, B가 C에 영향을 미치는 구조다.

본격적인 여름이 시작됐다. 사람들은 더위를 조금이라도 식히기 위해 점심 식사 뒤에 아이스크림을 먹는다. 그래서 편의점, 빙과류 업체의 매출이 증가하고 있다.

이런 흐름만 있을까? 반전의 흐름을 가지고도 쓸 수 있다. A → B → C가 돼야 하는데 그렇지 않은 경우를 생각해 볼 수 있다.

낮 기온이 35도까지 올라가는 여름이다. 그런데 날씨가 너무 더워서 사람들이 밖에 나오지 않자 아이스크림을 구매가 일어나지 않고 있다. 편의점은 여름철 매출 비중이 높은 아이스크림 판매가 신통치 않아 울상이다.

요약은 기본적으로 멋진 글을 쓰는 것이 목적이 아니다. 글쓴이의 생각을 이해하고 정말 말하고 싶은 것이 어떤 키워드로 표현됐는지를 찾는 작업이다. 이 작업은 키워드 간의 관계 또는 흐름을 아는 것이다. 이를 이해해야 키워드를 통해 요약 글을 쉽게 쓸 수 있다.

키워드 맵으로 찾는 글의 키워드

　키워드 맵은 요점을 파악하고, 글을 요약하는 데 어려움을 겪는 사람에게 도움이 된다. 키워드 맵는 키워드 간의 관계를 보여주는 그림이다. 키워드 - 하위 키워드로 구성된 키워드는 키워드 나열이 중요하지 않다. 키워드 - 키워드, 키워드 - 하위 키워드의 관계를 파악해 글의 흐름을 만드는 데 집중한다.

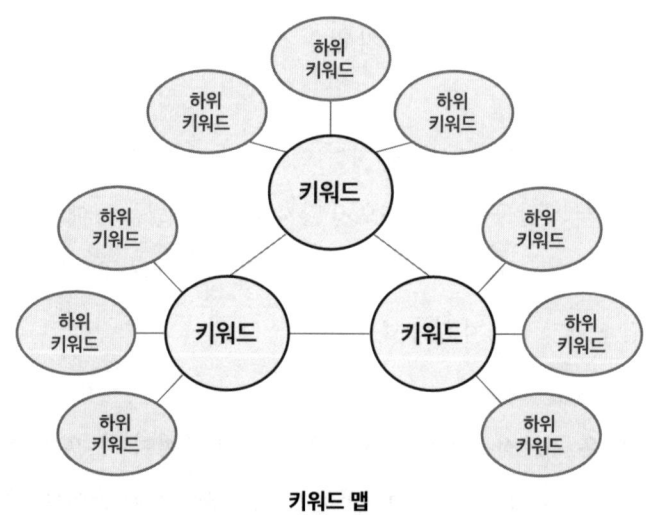

키워드 맵

키워드 맵상의 선은 관계를 나타낼 수 있는 화살표(→, ←, ↔)로 표시한다. 단순 구성 요소라면 그림에서처럼 선으로 표현한다.

다음은 교육 산업의 미래 관련 보고서의 일부다. 이 글의 키워드와 하위 키워드를 찾아보자.

4차 산업혁명에 따른 교육 기술의 발전은 교실에서 스튜디오를 거쳐 가상 현실로 진화하는 학습 공간 개념으로 설명할 수 있다. 최근까지 교실의 변혁은 디지털 기술의 발전이 주도했다. 비록 정적이고 공간 의존적인 형태의 기술이 적용되기는 했지만 태블릿, 빔 프로젝터, 스마트 보드 등의 디지털 도구는 학습의 효율성을 증대시키며 교육 현장에 큰 영향력을 행사했다. 향후에는 시선 추적, 감정 추적, 지능형 사물의 도입 등 신기술 또한 교육 현장에 적극 도입될 것이다.

정보 통신 기술의 발전은 어디서나 피드백과 평가를 받아 볼 수 있는 교육 환경을 만들었다. 교육 애플리케이션 및 전자 도서, 학교 간 공유 플랫폼, 온라인 학교·학원 등 온라인·모바일 기반의 교육 환경이 제공되면서 학습의 물리적인 제약이 점차 사라지고 있다. 이런 변화와 더불어 교육 플랫폼화 추세는 전통적인 교사와 학생 관계 기반의 학습 모델로부터 AI 플랫폼 기반의 개인화된 학습 모델로의 이행을 유발한다. 자동화된 평가 알고리즘, 학생과 학생 간의 상호 학습, 과제 부여 알고리즘, 가상 회의 시스템 등 탈중개화 관련 기술의 발전은 전통적인 교사 위주의 교육 권력을 분산시키고 학생이 스스로 능동적으로 교육 활동에 참여할 수 있도록 한다. 따라서 과거 지도 편달·평가 중심의 교육 패러다임이 미래에는 프로젝트 및 포트폴리오 기반의 소통 중심 패러다임으로 진화할 가능성이 크다.

이런 소통 중심의 교육 패러다임은 미래에 등장할 '실감화 컴퓨팅' 기술이 주도할 것으로 예상된다. '실감화 컴퓨팅'은 사물 인터넷과 인공 지능 기술을 통해 사물에 지능을 부여하는 일종의 컴퓨팅 기술을 의미하며, 디지털 기반의 현장 학습, 초고속·초정밀 3D 프린터 기술 등이 기대 산물로서 언급되고 있다. 주로 교실 현장과 학습 스튜디오의 물리적인 공간에서 실감화를 통한 상호 작용 혁신이 일어날 것으로 기대된다.

교사와 학생, 학생과 학생 간의 소통이 강조되는 교육 스튜디오의 경우, 물리적인 한계를 뛰어넘어 '가상의 스튜디오'로 그 영역이 확장될 전망이다. 기반 기술의 발전으로 온라인과 오프라인의 간극이 사라지고, 학습 과정에 더 이상의 실체적 공간이 중요해지지 않는 시대가 도래할 것으로 보인다. 가상 스튜디오 관련 기술로는 홀로그래피, 신경 정보 기술, 몰입형 가상 현실, 망막 스크린 등 융합 기술들이 대표적으로 언급된다.

산업의 측면에서 사물 인터넷(IoT), 클라우드 등 초연결성에 기반을 둔 플랫폼 기술의 발전으로 인해 'O2O(Online to

Offline)' 형태의 새로운 스마트 비즈니스 모델이 등장할 것으로 판단된다. 소비자 경험과 데이터 중심의 서비스 출시 등 새로운 형태의 산업 간 협업이 이뤄지고, ICT 기술과 초연결성에 기반한 새로운 스마트 비즈니스 모델이 등장할 것으로 전망된다. 즉 기술들이 융합을 거듭하면서 그 경계가 사라지고, 교육 산업 내 비즈니스 모델 또한 탄생과 소멸을 거듭할 것으로 보인다.

키워드는 무엇일까? 첫 문장에 이 글의 전체 흐름과 키워드가 같이 제시돼 있다. 바로 교실, 스튜디오, 가상 현실이다. 이 3개의 키워드가 단계적으로 발전하는 형태로 글의 흐름을 가지고 간다는 것을 알 수 있다.

이제 키워드를 찾았으니 3개의 키워드와 관련된 하위 키워드를 찾는다. 이 하위 키워드는 글을 읽어 가며 단락별로 키워드와 하위 키워드의 관계를 고려해 찾는 것이 필요하다. 보통 키워드 - 하위 키워드 - 최하위 키워드까지 찾으면 좋다. 4단계가 되면 정리도 힘들뿐더러 본질에서 벗어나 오히려 더 복잡해질 수 있다. 키워드 맵은 요점 정리를 위한 하나의 도구이기 때문이다.

교실, 학습 스튜디오, 가상 현실 키워드에 따른 하위 키워드, 최하위 키워드를 정리한 뒤 키워드 맵을 만들고 키워드 간의 관계를 설정하면 된다. 그러면 키워드 맵을 그릴 수 있다.

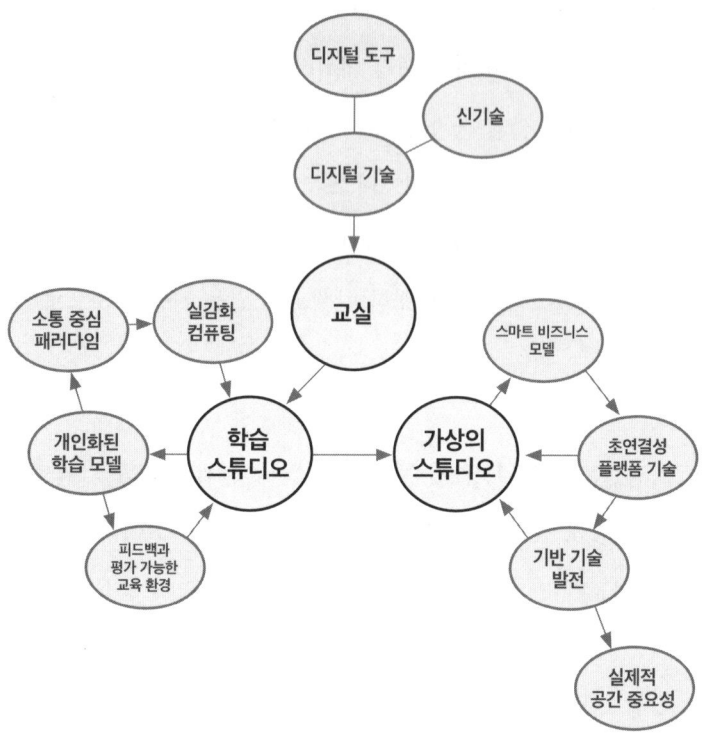

교육 기술의 발전과 교실의 변화 키워드 맵

　키워드 맵는 조금 틀려도 괜찮다. 키워드 맵을 가지고 요약 글을 쓰면서 수정하기 때문이다. 또 하위 키워드와 최하위 키워드에 너무 세부적인 내용을 나열하지 않아야 한다. 핵심은 키워드를 가지고 문장을 만들어 보는 연습이다. 하지만 키워드 간의 관계와 흐름을 모른다면 키워드 도출은 의미가 없다. 키워드 - 관계 - 흐름을 기억하자.

구구절절 설명하지 않고 요점만 담아 요약하는 법

4단계 요약 기술부터 실전 적용까지

12

어떻게 핵심 내용만 요약할 수 있을까?

요점만 담아 요약하기란 생각보다 어렵다. 우선 글쓴이의 생각을 파악해야 한다. 여기서 끝이 아니다. 같은 생각도 그 생각을 펼치는 방식은 각양각색이다. 글쓴이의 큰 그림 속에서 각 단락의 역할과 핵심을 파악해야 한다. 핵심 파악 뒤에는 요약 기술을 활용해 글을 줄인다. 또 축약된 문장을 어떻게 자신의 관점에서 재구성할지 고민해야 한다.

요약을 잘하고 싶다면 넘어야 할 5단계

요약은 숙달이 필요하다. 무슨 소리일까? 요약은 대충 긴 글을 짧은 글로 하는 과정이 아니라고 했다. 요약은 텍스트에 숨은 맥락을 파악해 자신의 관점에서 재해석하는 과정이다. 어떤 능력을 배워서 전문가가 되는 과정 또한 마찬가지다. 누군가로부터 지식을 습득한다. 자신의 관점을 정립한다. 지식을 해체하고 재구성한다.

캘리포니아대학교 철학과 교수인 휴버트 드라이퍼스는 숙달의 과정을 5단계로 구분한다.

1단계, 초보자다.

'초보' 하면 가장 먼저 떠오르는 것이 무엇일까? 그냥 있는 그대로의 지식을 습득하는 것이다. 순수한 학습의 단계다. 예를 들어 '책은 완독해야 한다'고 배웠다면 무조건 책 한 권을 끝까지 읽어야 한다는 생각을 갖는다. 이 과정에서는 책의 종류, 내용의 전문성에 따른 독서법을 고려하지 않는다. 맥락이 없는 상태다.

2단계, 상급 초보자다.

1단계와 달리 자신의 경험을 활용해 맥락을 파악할 줄 안다. 그래서 모든 책을 처음부터 끝까지 다 읽을 필요가 없다는 사실을 안다. 단순한 지식 습득에서 벗어나 맥락을 고려한 지식의 활용이 가능한 단계다.

3단계, 중급자다.

이 단계에서는 우선순위가 설정된다. 한 분야의 지식을 습득하기 위한 책은 많다. 이 책 중에 어떤 책을 먼저 읽어야 하는지 파악이 필요하다. 자신의 경험과 지식 습득 방법이 우선순위 설정의 기준이 된다. 예를 들어 독서법을 공부한다면 일단 독서법에 대한 가장 쉬운 책을 읽는다. 이후에 세부적인 방법 관련 책을 통해 다양한 분야의 독서법을 배운다. 이런 경험을 바탕으로 다른 분야의 학습에도 우선순위를 적용한다.

4단계, 고급자다.

1단계부터 3단계까지의 과정이 어떤 규칙을 적용하는 과정이었다면 이 단계에서는 직관적인 행동에 의해 전체적인 모습을 파악한다. 패턴을 인식해 자연스레 몰입하는 환경이 만들어진다. 책을 많이 읽다 보면 제목만 봐도 그 책의 내용과 흐름을 볼 수 있는 것과 같다. 만약 숙련되지 않았다면 제목, 목차, 내용을 보면서 하나씩 이해를 해야 하는데, 고급자에게는 이런 과정이 필요없다.

5단계, 전문가다.

최고 숙련의 단계로 물아일체가 이뤄진다. 어떤 것만 봐도 무의식적으로 모든 내용을 파악할 수 있다.

의사 결정 또한 이성적으로 뭔가를 꼼꼼히 계산하기보다는 직관적으로 이뤄진다. 흔히 말하는 촉이다. 당연히 정확도는 높다. 자신이 지금까지 쌓은 경험과 지식이 몸에 배어 굳이 어떤 것을 세부적으로 보지 않아도 되는 경지다.

요약을 잘하기 위해서는 고급자와 전문가가 돼야 한다. 학습의 단계를 이해, 적용, 창조라고 했을 때 초보자는 이해, 상급 초보자와 중급자는 적용, 고급자와 전문가는 창조의 단계에 있다. 고급자와 전문가는 다른 생각도 자신의 눈으로 볼 수 있는 단계이기 때문이다.

요약은 4단계로 완성한다

요점을 파악해 글을 요약하는 것은 결국 자신만의 창조물을 만드는 과정이다. 원래의 글이 존재하지만 요약 글 또한 하나의 글이기 때문이다. 어떤 과정이 필요할까?

1단계, 목적의식이다.

글의 목적을 알아야 글을 제대로 요약할 수 있다. 요약은 표면적으로 드러난 텍스트의 이해가 아니기 때문이다. 텍스트에 숨은 맥락 파악이 필요하다.

2단계, 구조 파악이다.

목적이 있으면 이 목적을 보여 주기 위해 글의 뼈대를 만든다. 그게 바로 구조다. 목적과 구조는 유기적으로 연결돼 있다. 그런데 목적과 구조의 연결 관계를 제대로 파악하지 못하면 어떻게 될까? 글쓴이가 말하는 바를 제대로 파악할 수 없다.

3단계, 핵심 추출이다.

어떻게 뼈대가 설계돼 있는지 알면 핵심 메시지는 쉽게 찾을 수 있다. 뼈대에 붙은 살은 결국 하나의 핵심 메시지를 뒷받침하기 위한 양념에 불과하기 때문이다.

4단계, 구성 정리다.

목적, 구조, 핵심을 파악했다면 이제 정리다. 그런데 구성이라는 단어가 정리보다 앞에 있는 이유는 요약이 단순 정리가 아니라 글쓴이의 관점을 이해한 뒤 이를 자신의 관점으로 다시 바라보는 과정이 있기 때문이다.

요약은 10쪽짜리 보고서를 1쪽으로 줄이는 것이 목적이 아니다. 보고서의 내용을 글쓴이의 관점에서 어떻게 이해하고, 자신의 관점과 언어로 이를 표현하는 것이 핵심이다.

13

요약의 1단계: 목적의식을 가져라

조지 오웰은 《나는 왜 쓰는가》에서 글쓰기의 동기를 4가지로 구분한다.

첫 번째, 글로 자기 자신을 돋보이게 하고 싶은 자기중심적인 동기다.

그는 순전한 이기심으로 이를 표현한다. 자신의 지식이나 이야기를 통해 자신이 대단한 사람인 양 전달하기 위해 글을 쓴다.

두 번째, 미학적 열정이다.

자신이 경험한 아름다운 것들을 다른 사람들과 공유하기 위함이다. 누구나 듣고 싶어 하는 매력적인 이야기를 쓴다.

세 번째, 역사적 충동으로 역사적 진실을 알려 주기 위함이다. 거짓에 가려진 진실을 파헤치고 잘못된 사실을 바로잡기 위해 글을 쓴다.

네 번째, 정치적 목적이다. 자신이 중시하는 가치나 이념을 사람들에게 전파하기 위함이다. 그가 말한 이 글쓰기의 동기는 결국 목적과 연결된다. 우리는 동기와 함께 이 목적을 알아야 글쓴이의 의도를 제대로 파악할 수 있다.

그런데 아무런 목적이 없다면 어떨까? 단순 사실을 나열한 글일 뿐이다. 사실만 나열한 보고서는 어떨까? 무미건조하다. 요약할 필요도 없다. 목적이 없는데 무슨 요약을 할 수 있을까? 사실을 조금 더 줄여 보기 위해서? 목적 없이 나열된 보고서는 요약도 어렵다.

글의 목적을 파악하는 방법

글의 목적은 일의 순서에 따라 생각해 보면 쉽다. 어떤 업무를 부여받았을 때 가장 먼저 고민해야 할 것은 무엇일까? 바로 문제 인식, 즉 '왜?'라는 물음이다. 문제를 인식해야 문제와 관련한 실태 조사를 해 볼 수 있다. 구체적으로 어떤 문제점이 있는지 찾아보고, 원인을 분석해 해결책을 찾을 수 있다.

눈에 보이는 문제가 없어도 미래를 대비하기 위해 무엇이 필요하다고 이야기할 수도 있다. 물론 이런 글만 있는 것이 아니다. 세부적으로 보면 제품이나 서비스 홍보를 위한 글도 있다. 중요한 것은 글의 목적이다. 그래야 어디에 중점을 두고 요약해야 하는지 알 수 있다. 자신이 경험한 것 또는 머릿속에 있는 내용을 정리하고 싶을 때도 같다. 글로 아직 표현하지 않았지만 어떤 목적으로 머릿속 생각을 정리하는지, 경험을 통해 보여 주고 싶은 것이 무엇인지를 알아야 한다.

〈내년이 더 심각하다는 감원 칼바람〉이란 제목의 사설 하나를 보자. 제목만 보고 말하고자 하는 바를 가늠해 보자. 이 사설은 어떻게 전개되고 어떤 주장을 할까? '감원'이란 단어를 보면 경제가 좋지 않다는 것을 먼저 생각해 볼 수 있다. 경제가 좋지 않아 감원 칼바람이 불고 있는데, 이에 대한 대책이 필요하다는 내용이 나오지 않을까?

배경과 목적은 제목만 봐도 추정할 수 있다. 설사 틀리더라도 우리는 글을 읽을 때 어떤 식으로 전개가 될지 사전에 고민해 볼 수 있다. 이때 문제의식이 중요하다. 글 자체의 이해가 아닌, 왜 이런 글을 쓸 수밖에 없는지를 생각해 봐야 한다.

다음 다른 사설을 보고 이 글의 배경과 목적은 무엇인지 생각해 보자.

〈세계 첫 5G 상용화, 타이틀보다 중요한 건 경쟁력〉

국내 이동통신 3사가 그제 오후 11시 일부 가입자를 대상으로 5세대(5G) 스마트폰 서비스를 시작했다. 각 사의 1호 가입자들에게 세계 첫 5G 스마트폰인 삼성전자 '갤럭시 S10 5G'를 먼저 개통해 준 것이다. 이로써 한국은 지난해 12월 세계 첫 5G 주파수 송출에 성공한 데 이어 세계 최초의 5G 상용화 국가라는 타이틀을 거머쥐게 됐다.

하지만 최초 타이틀을 확보하기까지의 과정은 개운치 않다. 정부는 당초 3월 말로 5G 상용화를 추진했다. 그런데 요금제 인가와 전용 스마트폰 출시가 지연되면서 미국 통신사 버라이즌이 먼저 상용화를 하겠다고 치고 나갔다.

일반 고객들은 예정대로 5일부터 5G폰을 개통할 수 있지만 아직 대도시 중심의 제한적 서비스다. 5G가 꽃피우려면 네트워크 단말기 장비뿐만 아니라 전용 콘텐츠와 서비스 개발이 뒷받침돼야 하는데 갈 길이 멀다. 2G 때부터 이어져 오는 통신·요금 규제, 빅 데이터 산업에 걸림돌이 되는 개인 정보 규제 등

5G 서비스를 막는 규제도 그대로다. 세계 최초 타이틀을 넘어 세계 시장을 선도할 수 있도록 전체 산업 측면에서 5G 생태계를 구축해야 한다. 정부는 관련 규제를 풀고 산업계는 과감한 투자로 플랫폼, 콘텐츠 등 다방면의 경쟁력을 높여야 한다.

글의 목적이 있으면 당연히 배경이 있기 마련이다. 사람들은 주제에 대한 배경을 이해하고 자기 나름의 목적을 설정한다. 이 사설은 어떤가? 이 글은 세 단락으로 구성되어 있으며 '5G 경쟁력을 높여야 한다'는 주장을 펼치고 있다. 마지막 문장의 "경쟁력을 높여야 한다"라는 말로 쉽게 알 수 있다.

핵심은 왜 경쟁력을 높여야 하는지다. 첫 단락을 보면, 한국은 세계 최초의 5G 상용화 국가가 됐다. 그런데 둘째 단락에서 '하지만'이라는 접속사가 나오면서 미국이 먼저 상용화 추진을 치고 나가는 상황이 나온다. 여기서 말하고 싶은 것은 무엇일까? 한국이 일단 타이틀은 얻었지만 미국이 치고 나오고 있으니 향후 5G 시장 선점을 위해서는 지속적인 경쟁력 확보가 필요하다는 제안이다.

이번에는 정부에서 발표한 〈제4차 산업혁명에 대응한 지능정보사회 중장기 종합대책〉 보고서를 살펴보자. 이 보고서의 목적은 무엇일까? 제목만 보고 개략적으로 유추할 수 있다. 4차 산업

혁명에 따라 인공 지능과 빅 데이터 기술이 부상했다. 혁신적인 기술의 대두됨에 따라 사회도 이런 기술에 대응하는 것이 필요하지 않을까? 제목의 구조를 곰곰이 생각해 보자. 4차 산업혁명이 원인이고, 그에 따른 결과가 지능 정보 사회다. 원인과 결과의 구조라면 그 원인에 대해 짚어 보고 결과를 예상해 그에 따른 대책을 마련하는 구조로 글이 전개되지 않을까? 요점 정리를 한다면 이런 식으로 제목을 보고 스스로 생각해야 한다. 이 보고서의 구조는 배경으로 시작해 지능 정보 기술로 인한 변화 전망, 추진 과제 등을 제시하고 있다.

I. 추진 배경

II. 제4차 산업혁명의 동인: 지능 정보 기술

III. 지능 정보 기술로 인한 변화 전망

IV. 미래상 및 핵심 성공 요인

V. 비전 및 추진 전략

VI. 지능 정보 사회 중장기 정책 방향

VII. 추진 과제

VIII. 추진 체계

〈취업 컨설팅 서비스의 문제점 및 개선 방안〉 보고서의 목적은 무엇일까? 가장 먼저 고민해야할 건 왜 취업 컨설팅 문제를 다루는지다. 바로 취업 컨설팅 서비스의 문제점으로 들어가는 것이 아닌. 그래야 보고서에서 지적한 문제점을 객관적으로 보며 자신의 생각을 정리할 수 있다. 목차를 보자. 보고서의 목차 또한 현황 분석 이후, 실태조사를 통해 취업 컨설팅 문제를 다루고 있다. 현황에서 왜 지금 취업 컨설팅 문제가 중요한지 말하고 있지 않을까?

I. 조사 개요
II. 일반 현황
III. 취업 컨설팅 서비스 이용 실태 조사
IV. 문제점 및 개선 방안
V. 후속 조치

글의 배경과 목적은 결국 글쓴이의 주장을 뒷받침하는 근거와 연결된다. 요약을 위한 첫 번째 디딤돌을 이해하지 못하면 결국 주장에 따른 근거도 잘못 파악할 수 있다. 목적과 관련해서는 여기까지 하고 구조 파악으로 넘어가 더 자세한 이야기를 해 보자.

14

요약의 2단계: 구조를 파악하라

 항상 걷던 길을 가다 새로운 건물을 보면 참 빨리도 건물을 올린다는 생각이 든다. 분명 터를 다지고 기둥을 세우고 있었는데 말이다. 이때 철골 구조를 보는데, 철골 구조만 완성이 되면 그 뒤는 정말 빠르게 되는 건물이 올라간다.
 요약도 마찬가지다. 글의 뼈대를 알면 요점 파악부터 요약 정리까지 순식간이다. 요약하는 데 오랜 시간이 걸리는 이유는 글의 뼈대 파악이 되지 않아서다. 그래서 글의 목적에 따라 글의 내용이 어떻게 전개되는지를 파악하는 데 오래 걸린다.
 모르는 분야는 더 그렇다. 지식이 있으면 글이 어떤 내용으로 채워질지도 예상이 가능하기 때문이다. 만약에 경영을 공부한 사람에게 생물학 관련 서적을 주고 요약해 오라고 하면 빠르게 될까? 그렇지 않다. 그래서 구조 파악을 위해서는 앞서 이야기했듯이 관련 지식도 필요하다.

글의 구조에는 어떤 형식이 있을까?

글의 구조는 글의 전개가 어떻게 이뤄지는지에 대한 사항이다. 어떤 글을 읽든 일단은 글의 구조를 파악해야 한다. 글의 구조는 세부적으로 나누면 문제 해결, 기회 활용, 진단 제안, 가치 비교 구조 등이 있다.

① 문제 해결 구조: 현황-문제점-개선 방향 및 방안-실행 계획
② 기회 활용 구조: 기회-제안(활용)-기대 효과
③ 진단 제안 구조: 현상-진단-제안
④ 가치 비교 구조: 제품 소개-특징-비교 분석(장점)-가치(혜택)

다음은 LG경영연구원의 〈경고등 켜진 한국 밀레니얼의 정신 건강〉 보고서의 요약문이다. 설명을 위해 임의로 번호를 붙였다. 단락별로 어떤 내용이 있는지 살펴보면서 구조를 보자.

① 한국의 밀레니얼 세대는 정신 건강 위기에 직면해 있다. 특

히 30대 직장인들은 다른 세대보다 번아웃과 우울감을 더 자주 경험하고 있으며, 정신 건강 수준도 글로벌 평균 이하로 나타났다.

② 이런 정신 건강 문제는 크게 4가지 원인에 기인한다.
- 비효율적이고 과도한 업무와 장시간 근로: '워라밸' 중시에 대한 기성 세대의 편견으로 스트레스 가중
- 연공서열 중심의 HR 체계에서 정당한 평가와 보상을 받지 못한다는 불만
- 저성장 시대 인사 적체와 고직급화에 따른 승진과 성장의 기회 제한
- 일과 가정의 균형 유지에 대한 큰 압박

③ 밀레니얼의 정신 건강은 조직의 분위기와 성과에 중대한 영향을 미친다. 정신 건강 문제는 창의성과 업무 몰입을 저해해 생산성을 떨어뜨리고, 불안이나 우울 같은 부정적 감정은 조직 전체에 쉽게 확산돼 팀과 조직의 성과를 악화시킬 위험이 크다. 이는 인재 이탈과 조직 평판 하락으로 이어지며, 특히 밀레니얼 세대의 특성상 부정적 평판은 채용 브랜드에도 큰 타격을 줄 수 있다.

④ 따라서 예방적 접근이 중요하다. 이를 위해 스트레스 관리와 정서적 체력 강화를 돕는 회복 탄력성 제고 방안이 필요하며, 조직 내 사회적 관계망을 강화해 심리적 안전감을 높

이는 것이 중요하다. 리더는 성과 관리뿐만 아니라 팀원의 웰빙을 지원해야 하며, 회사의 제도와 업무 방식을 개선해 근본적인 문제를 해결해야 한다.

앞서 설명한 4가지 구조 중 어느 구조라 생각되는가? 간단히 살펴보자.

①은 한국 밀레니얼 세대의 정신 건강 상황을 언급하고 있다(현황). ②는 문제점(원인) 4가지를 제시하고 있다. ③은 이런 문제점의 부정적 파급 효과를 제시하고 있다. 마지막 ④는 문제점 해결을 위한 3가지 방안을 제시한다.

간단히 핵심 구조 중심으로 정리하면 현재 한국 밀레니얼 세대가 정신 건강 위기를 겪고 있고(현황), 그 원인은 4가지이며(문제점), 이를 해결하기 위해서는 사전에 3가지 방안을 마련해야 한다(개선 방안)고 강조하고 있다. 바로 문제 해결 구조다. 우리가 일상에서 가장 많이 쓰는 보고서 구조다.

15

기획서와 보고서에서
사용하는 문제 해결 구조

앞서 간단히 본 문제 해결 구조를 깊게 들여다보자. 문제 해결 구조는 기획서와 보고서를 쓸 때 가장 많이 볼 수 있는 구조다. 현황과 문제점이 같이 제시되기도 한다.

예를 들어 신입 사원의 퇴사율을 가지고 이야기해 보자.

- 현황: 현재 입사 6개월 미만 신입 사원의 퇴사율이 높아지고 있다.
- 문제: 신입 사원이 온보딩(onboarding) 할 수 있는 효과적인 교육 프로그램 부재, 폐쇄적이고 수직적인 조직 문화, 명확하지 못한 경력 개발 경로다.

- 문제 해결: 기업은 신입 사원의 직무별 맞춤형 온보딩 프로그램 개발, 수평적 조직 문화 구축, 신입 사원 직무별 성장 로드맵 제공 등의 해결책을 마련한다.

이처럼 문제 해결 구조는 문제와 해결 방안이라는 핵심 축을 중심으로 이야기가 전개된다.

중소벤처기업부의 〈중소기업 도약 전략〉 보고서는 문제 해결 구조가 명확하게 드러난다. 목차를 보면 진단 및 평가(현황 및 문제점)를 통해 추진 과제(개선 방향 및 방안)을 도출하고 있다.

I. 추진 배경
II. 진단 및 평가
III. 정책 방향
IV. 주요 추진 과제
    전략 1. 혁신 성장
    전략 2. 지속 성장
    전략 3. 함께 성장
    전략 4. 글로벌 도약
    전략 5. 똑똑한 지원
V. 향후 계획

진단 및 평가 목차의 세부 목차와 핵심 문장을 보자. 중소기업 현황 분석, 지원 정책 성과와 한계를 통해 현황 및 문제점을 제시하고 있다. 중소기업 현황 분석에서 4개, 지원 정책성과 한계에서 1개 등 5개의 문제점을 지적한다.

1. 중소기업 현황 분석
- 성장성: 경쟁력 있는 중소기업이 협소해 성장 사다리 취약
- 혁신성: 고성과 창출 '혁신 중소기업' 증가세 미약
- 생산성: 대기업·중소기업 간 생산성 양극화 확대 추세
- 미래 대응: 글로벌 다중 위기 대비 미흡

2. 지원 정책 성과와 한계
- 성과: 중기(中企) 지원 예산은 매출 증가 등 중소기업 성장에 기여
- 한계: 전례 답습식 양적 공급 확대

이런 문제점에 대해 보고서는 지속 성장, 혁신 성장, 함께 성장, 글로벌 도약 등 4가지 방향을 제시한다. 문제와 해결 관점에서 본다면 성장성 → 지속 성장, 혁신성 → 혁신 성장, 생산성 → 함께 성장, 미래 대응 → 글로벌 도약으로 글의 구조가 설계돼 있음을 알 수 있다. 그러면 '분명 5개의 문제점이었는데, 하나는 어

디로 갔지?'라는 생각이 들어야 한다.

추진 체계
- 혁신 성장, 지속 성장, 함께 성장, 글로벌 도약
  → 역동적 경제의 주역 중소기업

추진 방향
① 혁신 성장: 신산업에 도전해 성장할 수 있는 혁신 역량 강화
  - 유망 중소기업 신산업 진출 지원, AI 전환 생태계 조성, R&D 지원 체계 혁신 등
② 지속 성장: 미래 환경 변화에 선제적으로 대응하는 강한 중소기업 육성
  - 고령화 대비 기업 승계 지원, ESG 규제 대응, 위기 대응 시스템 강화
③ 함께 성장: 대기업과 중소기업 상생형 공급망 혁신, 지역 중소기업 육성, 중소기업과 근로자가 함께 성장하는 생태계 조성
  - 대기업-중소 협력사 간 상생형 ESG 전환 및 글로벌 공급망 대응, 지역 특화·주력 산업 고도화, 청년 재직자 장기 근무 우대 등
④ 글로벌 도약: '본국 생산, 해외 수출'을 넘어 글로벌 시장에

서 개방형 혁신으로 성장토록 유도

　- 글로벌 우수 인력 활용, 글로벌 투자 유치, 기술 교류, 글로벌 인프라 구축

보고서에서는 마지막 하나의 문제점을 추진 체계에서는 빼고 5대 전략, 17개 추진 과제 내용에 제시하고 있다. 그래서 양적 공급 확대 → 똑똑한 지원으로 마지막 퍼즐을 맞추고 있다. 이처럼 문제 해결 구조는 문제에서 접근한 관점을 그대로 해결에 적용해 문제점과 해결 방안이 일대일 매칭하는 형태를 띤다.

5대 전략, 17개 추진 과제

• 혁신 성장

① 신산업 진출 촉진으로 성장을 가속화합니다.

② 인공 지능 전환(AX)으로 미래 성장성을 키웁니다.

③ R&D다운 R&D로 전면 혁신합니다.

④ 시장 주도로 벤처 투자와 M&A를 촉진합니다.

• 지속 성장

① 녹색 경제 전환을 기회로 만듭니다.

② 선제적 위기 대응 시스템을 구축합니다.

③ 고령화 대비 기업 승계를 지원합니다.

④ 중소기업 기준 개편 등으로 성장 디딤돌이 튼튼해집니다.

• 함께 성장
① 대기업과 중소기업 협력사 간 공급망을 혁신합니다.
② 지역 중소기업 육성을 전폭 지원합니다.
③ 기업과 근로자가 함께 커 가는 일터를 만듭니다.

• 글로벌 도약
① 글로벌 인재와 함께 세계 시장을 공략합니다.
② 글로벌 자본을 유치하고 기술 교류를 촉진합니다.
③ 글로벌 지원 인프라가 촘촘하고 강해집니다.

• 똑똑한 지원
① AI·빅데이터 기반으로 지원 체계를 혁신합니다.
② 정책 금융이 안정적 성장을 뒷받침합니다.
③ 현장 접점 규제를 혁파합니다.

16

새로운 아이디어를 담는 기회 활용 구조

기회 활용은 기회에 집중한다. 새로운 트렌드의 부상 또는 신기술의 등장으로 인한 신규 사업 구상이나 새로운 아이디어 도출 시 주로 활용한다.

예를 들어 AI가 기업의 새로운 핵심 경쟁력으로 부상하는 현재 상황을 생각해 보자(기회). 자사 제품에 AI 기술을 적용해 고객 맞춤 제품 개발을 해야 한다(제안 및 활용). 이를 통해 우리는 경쟁사 대비 차별화된 제품 개발과 고객 가치 제고가 가능하다(기대 효과).

정부에서 발표한 〈초거대 AI 경쟁력 강화 방안〉 보고서의 목차도 이와 유사한 구조다. 큰 틀에서 보면 초거대 AI 시대의 개막에 따라 전분야의 AI 내재화가 이뤄질 것으로 전망하며 한국이 그간 축적해 온 역량을 바탕으로 글로벌 초거대 AI 시장을 선도할 기반을 마련할 수 있다고 말한다.

I. 추진 배경
II. 초거대 AI 시대 개막
III. 초거대 AI의 영향력
IV. 우리의 경쟁력 진단
V. 비전 및 중점 추진 과제
VI. 전략 및 추진 과제
VII. 향후 계획

세부적으로 살펴보면 초거대 AI 시대 개막, 초거대 AI의 영향력은 기회, 우리의 경쟁력 진단부터 향후 계획은 제안이다. 기대효과는 비전 체계에 담겨 있으며, 그 비전 아래 목표를 제시하고 있다.

- 비전: 똑똑한 인공 지능, 국민과 함께 디지털 경제를 가속화하겠습니다.
- 목표: 초거대 AI 플랫폼 - 한국어 플랫폼 세계 1위, 비영어권 중심 글로벌 시장 공략 시작, 초거대 IA 응용 서비스 - 기업

간 협력 생태계 조성으로 전문 특화 분야 세계 1위 도전

교육부에서 발표한 〈디지털 기반 교육 혁신 역량 강화 지원 방안〉 보고서는 디지털 대전환 시대에 교사 주도의 디지털 기반 수업 혁신을 추진하자는 내용이다. 그래서 목차에 디지털 시대 수업의 특징을 기반으로 교사가 이끄는 교실 혁명을 제시하는 추진 방향과 지원 방안이 제시돼 있다.

I. 추진 배경
II. 교실 혁명이 지향하는 수업의 특징
III. 현장의 목소리
IV. 추진 방향
V. 지원 방안
VI. 향후 추진 일정

이런 기회 활용 구조에서는 문제점을 깊이 있게 다루기보다 새로운 환경 변화에 대응해 기존 시스템을 어떻게 바꿔야 하는지에 초점을 둔다. 내용 또한 부정적 메시지보다는 긍정적 메시지를 강조한다. 그래서 이 보고서에는 고등학교 1학년 정보 수업 시간에 코딩을 짤 때에 막힐 때마다 물어보기 부담됐는데, 이제는 AI 챗봇에 부담 없이 질문할 수 있어 마음 편하게 궁금증이

해소된다는 내용을 AI 활용 수업 사례로 보여 준다.

〈아이들과 선생님이 말하는 우리 수업〉
- 이랬던 수업이
  - 코딩 짤 때에 막힐 때마다 물어보기 부담됐는데
  - 다문화 가정 학생과 소통하기 어려웠는데
  - 학생별 코딩 채점에 시간이 오래 걸렸는데

- 이렇게 바뀌니까
  - AI 챗봇에 부담 없이 질문할 수 있으니까
  - 번역기가 있어서 정서적 교류가 가능하니까
  - 복잡한 코딩이 자동 채점되니까

- 이런 점이 좋아요
  - 마음 편하게 궁금증이 바로 해소되어 좋아요.
  - 보조 교사가 28명 있는 느낌이에요.
  - 학생 화면에 접속해서 코칭할 수 있어 편해요.

현장의 목소리에서도 수업 혁신을 위한 AI 활용에 있어 걸림돌이 무엇인지를 파악하는 데 주력한다. 보고서의 현장의 목소리의 핵심 메시지를 보면, ①과 ②는 긍정 문장이다. ③ 또한 AI 활용에 있어 제약 요인이 무엇인지를 파악하기 위한 것이기 때문에 부정적 메시지는 아니다.

① 교사들은 수업 혁신과 AI의 교육적 활용에 대해 긍정적으로 인식
② 그러나 실제 수업 혁신을 위한 AI 활용 경험은 낮은 상황
③ 교사의 부담을 줄이고 전문성은 높이는 다양한 지원 희망

이런 기회 활용 구조는 추진 방향 또한 새로운 변화 대응에 핵심이 무엇인지를 강조한다. 즉 새로운 변화, 새로운 기술 대응에 있어 핵심 성공 요인을 제시하고 이를 바탕으로 과제를 설정한다. 문제 해결 구조는 문제점(근본 원인) → 과제인 반면, 기회 활용은 새로운 변화 → 변화에 적응하기 위한 과제다.

- "교사가 이끄는 교실 혁명"이란 단순히 교실에 디지털 기술을 접목하는 것이 아니라
  - 학생들이 디지털 시대에 필요한 핵심 역량을 갖추도록
  - 교사들이 자유롭게 수업 혁신을 시도하고
  - 교사 간 협력을 통해 수업 혁신 문화가 조성되며
  - 교사를 지원하는 디지털 기술과 환경, 유연한 제도를 갖추는 것
  → 모든 과정에서 '교사의 주도성과 전문성'이 성공의 핵심

17

사설과 칼럼에서
사용하는 진단 제안 구조

진단 제안 구조는 사설과 칼럼에서 자주 활용된다. 예를 들면 다음과 같다.

- 현상: 지역 내 자살률이 증가하고 있다.
- 진단: 경제적 문제인가 정신적 문제인가.
- 제안: 사람들에 대한 심리적 안정 정책이 필요하다.

앞서 보았던 5G 관련 사설의 구조를 보자.

① 국내 이동통신 3사가 그제 오후 11시 일부 가입자를 대상으

로 5세대(5G) 스마트폰 서비스를 시작했다. 각 사의 1호 가입자들에게 세계 첫 5G 스마트폰인 삼성전자 '갤럭시 S10 5G'를 먼저 개통해 준 것이다. 이로써 한국은 지난해 12월 세계 첫 5G 주파수 송출에 성공한 데 이어 세계 최초의 5G 상용화 국가라는 타이틀을 거머쥐게 됐다.

② 빠른 전송, 방대한 데이터, 실시간 연결 등이 특징인 5G 이동통신은 4차 산업혁명의 핵심 인프라이자 플랫폼 역할을 하면서 일상생활의 변화는 물론이고 산업간 융합과 혁신을 촉발할 것으로 기대된다. 5G의 경제적 가치가 2035년 12조 3000억 달러에 이른다는 분석도 있다. 한국이 최고 수준의 정보통신기술(ICT) 역량을 과시하고 관련 시장을 선점하는 계기를 마련했다는 점에서 '세계 최초'라는 상징성과 브랜드 가치는 무시할 수 없다.

③ 하지만 최초 타이틀을 확보하기까지의 과정은 개운치 않다. 정부는 당초 3월 말로 5G 상용화를 추진했다. 그런데 요금제 인가와 전용 스마트폰 출시가 지연되면서 미국 통신사 버라이즌이 먼저 상용화를 하겠다고 치고 나갔다. 다시 이 달 5일을 D데이로 잡은 정부는 버라이즌이 4일로 일정을 앞당긴다는 소식이 들리자 부랴부랴 이통사를 불러 한밤중 기습 개통을 주문했다. 한 이통사는 수정 신고한 5G 요금제를 공개하기도 전에 1호 가입자를 개통해 앞뒤가 바뀐 모양새

가 됐다. 정부의 요금 인하 압박과 밀어붙이기식 행정이 빚어낸 결과다.

④ 일반 고객들은 예정대로 5일부터 5G폰을 개통할 수 있지만 아직 대도시 중심의 제한적 서비스다. 5G가 꽃피우려면 네트워크 단말기 장비뿐만 아니라 전용 콘텐츠와 서비스 개발이 뒷받침돼야 하는데 갈 길이 멀다. 2G 때부터 이어져 오는 통신·요금 규제, 빅 데이터 산업에 걸림돌이 되는 개인정보 규제 등 5G 서비스를 막는 규제도 그대로다. 세계 최초 타이틀을 넘어 세계 시장을 선도할 수 있도록 전체 산업 측면에서 5G 생태계를 구축해야 한다. 정부는 관련 규제를 풀고 산업계는 과감한 투자로 플랫폼, 콘텐츠 등 다방면의 경쟁력을 높여야 한다.

이 사설은 큰 틀에서 보면 현상 - 문제(진단) - 제안의 구조로 되어 있다. 세부적으로 보면 ①은 주제와 관련된 현상을 다룬다. ②는 주제의 중요성을 보여 준다. ③은 문제를 제기한다. ④는 주장과 근거를 제시한다. 구조를 정리하면 다음과 같다.

① 주제와 관련된 현상
② 주제의 중요성 제시
③ 주제와 관련된 문제 제기(진단)

④ 제안(주장)과 근거

진단 제안과 유사한 대안 분석 구조도 있다. 간단히만 보자. 이 구조는 쟁점(이슈)가 되는 사항이 있을 때 적용한다. 예를 들어 학생들의 독해력이 떨어지고 있을 때, 이에 대한 대안 A와 B 중 어떤 것이 더 효과가 좋은지를 검토할 때 사용한다. 또는 시설 투자를 해야 하는데 국내와 해외 중 어디에 할 것이냐는 의사 결정을 할 때도 마찬가지다.

18

홍보 기사에서
사용하는 가치 비교 구조

가치 비교 구조는 홍보 기사에서 흔히 볼 수 있다. 신제품이 출시되어 해당 제품의 특징이나 장점을 경쟁 제품과 비교하면서 그 제품이 가지고 있는 고객 측면에서의 가치를 전달한다. 다음은 AI 언어 데이터 전문 기업 플리토의 이미지 번역 서비스 출시 보도 자료다.

〈플리토, 'AI 이미지 번역' 출시… "번역·디자인까지 원스톱"〉
① 인공 지능(AI) 언어 데이터 전문 기업 플리토는 AI 기술을 기반으로 이미지 내 텍스트를 자연스럽게 번역하는 '이미지 번역' 서비스를 출시했다고 28일 밝혔다. 이미지 번역은 이

미지 속 텍스트를 AI 기술로 자연스럽게 번역하는 서비스다. 글자 배치, 배경, 색감 등 콘텐츠의 원본 디자인 요소를 보존하며 번역을 진행하기 때문에 기존 스타일을 그대로 유지하며 콘텐츠 완성도를 높일 수 있다는 점이 특징이다.

② 이 서비스는 JPG, PNG, GIF, HTML 등 다양한 포맷을 지원해 글로벌 플랫폼에 최적화된 번역 이미지를 제공한다. HTML 포맷은 이미지 내 번역된 텍스트가 검색 엔진 결과에 노출되기 때문에 검색 엔진 최적화(SEO) 효과를 통해 디지털 환경에서 고객 접점을 확대할 수 있다.

③ 고객 전용 모니터링 시스템을 통해 번역과 디자인 최적화 작업을 한 번에 관리할 수 있는 원스톱 서비스도 제공한다. 고객사는 수작업이나 반복적인 커뮤니케이션 없이 실시간 진행 상황을 한눈에 확인할 수 있다.

보도 자료를 보면 이미지 번역 서비스의 기본 특징을 제시한 다음 해당 특징에 따른 장점과 가치를 언급하고 있다. ①은 이미지 번역 서비스 소개와 특징, ②와 ③은 장점과 가치다.

다음은 생성형 AI 서비스를 제공하고 있는 젠스파크의 슈퍼 에이전트 출시 기사다. 위 기사와 마찬가지로 ①은 젠스파크의 슈퍼 에이전트 서비스를 간단히 소개한다. ②는 슈퍼 에이전트의 업무 처리 방식과 특징을 제시한다. ③부터 ⑥까지는 기술적인 측면과 전문가 의견 등을 제시하며 경쟁사 대비 강점과 함께 고객 관점의 혜택을 제시한다. 생성형 AI 시장의 경쟁 심화에 따라 경쟁사 비교 분석을 강조한 구조라고 볼 수 있다.

〈젠스파크, 마누스보다 뛰어난 '슈퍼 에이전트' 출시… 진정한 첫 범용 에이전트〉

① 인공 지능(AI) 스타트업 젠스파크가 '슈퍼 에이전트(Super Agent)'를 공개하며, 범용 AI 에이전트 시장의 본격적인 경쟁을 예고했다. 특히 중국의 대표 AI 에이전트 '마누스(Manus)'를 능가하는 성능을 보였다고 주장했다. 젠스파크는 4일(현지 시간) 사용자의 일상 업무를 자율적으로 수행할 수 있는 범용 AI 에이전트 '슈퍼 에이전트'를 출시했다고 발표했다.

② 슈퍼 에이전트는 다양한 실제 작업을 빠르게 처리할 수 있도록 설계된 고성능 자율 AI 시스템으로, 일정 관리와 음성 통화 예약, 맞춤형 영상 제작 등 광범위한 작업을 수행할 수 있다. 9개의 대형언어모델(LLM)과 80개 이상의 AI 도구, 10개 이상의 데이터베이스를 결합한 형태로 구축됐다. 이는 '클로드'와 '큐원' 등 모델 2개와 일부 도구를 탑재한 마누스와는 규모 면에서 큰 차이를 보인다.

③ 전문가들은 슈퍼 에이전트의 강점으로 '추론 과정을 사용자에게 보여 준다는 점'을 꼽았다. 어떤 도구를 왜 선택했는지를 투명하게 보여 주는 인터페이스는 사용자 이해도와 신뢰도를 높여 준다는 것이다. 또 브라우저 기반 인터페이스로 별도 설치 없이 바로 사용 가능하며, 개인 정보 입력도 요구하지 않아 진입 장벽이 낮다. 반면, 경쟁 제품인 마누스는 SNS 계정 연동과 대기자 명단 등록이 필요해 접근성이 떨어진다.

④ 기술적으로는 다양한 외부 툴과 API를 연계하는 '도구 오케스트레이션' 문제를 효과적으로 해결한 점도 주목할 만하다. 이를 위해 과제별로 최적의 모델을 연결하는 라우팅 기술과 외부 데이터 소스를 직접 연결하는 MCP(Model Context Protocol) 표준을 결합했다. 또 중국 쑤저우 대학이 최근 개발한 프레임워크 '도구 사슬(CoTools)'을 도입, LLM이 외부 도구를 사용하는 방식을 개선했다.

⑤ AI 에이전트 성능 평가 지표인 'GAIA' 벤치마크에서 87.8퍼센트라는 성과를 기록하며, 마누스 AI의 '마누스(86.5퍼센트)', 오픈AI의 '딥 리서치(74.3퍼센트)'를 모두 제쳤다. 젠스파크는 "광범위한 모델 통합과 직접적인 API 사용을 통해 마누스나 오픈AI의 '오퍼레이터'와 같은 경쟁사와 차별화된다"라고 강조했다. 마누스는 적은 수의 모델에 의존하고 통

합 도구가 적으며, 오퍼레이터는 브라우저 기반 작업에 국한됐다는 것이다. 하지만, 슈퍼 에이전트는 API 중심 접근 방식으로 빠른 데이터 검색과 풍부한 작업 실행 기능을 제공한다고 밝혔다.

⑥ 특히 교사와 디자이너, 채용 담당자 등 다양한 직군에서 슈퍼 에이전트를 즉시 활용할 수 있다는 점을 강조하며, 기존 로보틱 프로세스 자동화(RPA) 플랫폼이나 소프트웨어형 서비스(SaaS) 솔루션과도 경쟁할 수 있는 가능성을 제시한다고 덧붙였다.

글의 구조는 지금 설명한 것 외에도 다양하다. 또 다양한 형태로 변형되거나 여러 구조를 활용해 새로운 구조를 만들 수도 있다. 핵심은 글의 주제고, 주제를 설명하기 위한 단락별 메시지와 전체 구조의 파악이다. 요점 파악을 통해 요약을 잘하려면 큰 그림을 본 뒤 세부 내용으로 접근해야 한다. 누구나 하는 말이지만, 항상 나무보다 숲을 보자. 그러면 요점 정리가 쉬워진다.

19

요약의 3단계: 핵심 추출하기

 글의 구조를 파악했다면 이제 핵심 메시지를 찾아야 한다. 모든 글에는 핵심 메시지가 있다. 작가는 그 핵심 메시지를 전달하기 위해 사례, 수치, 부연 설명 등을 한다. 그러므로 글의 구조와 그 구조에서 기본적으로 다뤄야 할 내용을 바탕으로 핵심 문장을 찾는 작업이 필요하다. 핵심 문장은 어떻게 찾을까?
 핵심 문장은 보통 단락의 첫 문장이나 마지막 문장이다. 설명문과 논설문도 마찬가지다. 앞서 예시로 제시된 보고서 또한 첫 문장이나 마지막 문장이 핵심이다. 물론 글의 전개에 따라 중간에 핵심을 제시하는 경우도 존재한다. 한 단락이 몇 줄이든, 그 단락은 글의 핵심 메시지를 뒷받침하기 위한 역할을 한다.

예를 들어 '요약 역량을 향상해야 한다'고 주장하는 글이 있다고 하자. 핵심 메시지를 뒷받침하기 위해 첫째 단락은 현상, 둘째 단락은 문제, 셋째 단락은 필요성과 사례, 넷째 단락은 제안과 선진 학습 사례로 구성했을 수 있다. 그럼 각 단락의 핵심 문장과 보조 문장, 상세 설명 내용 중에서 핵심 문장을 파악해 이를 토대로 글의 내용을 요약할 수 있다. 정리하면 '핵심 메시지=단락별 핵심 문장+보조 문장의 재구성'이다.

다음은 앞서 본 5G 사설의 마지막 단락이다. 핵심 문장은 무엇일까?

① 일반 고객들은 예정대로 5일부터 5G폰을 개통할 수 있지만 아직 대도시 중심의 제한적 서비스다. ② 5G가 꽃피우려면 네트워크 단말기 장비뿐만 아니라 전용 콘텐츠와 서비스 개발이 뒷받침돼야 하는데 갈 길이 멀다. ③ 2G 때부터 이어져 오는 통신·요금 규제, 빅데이터 산업에 걸림돌이 되는 개인 정보 규제 등 5G 서비스를 막는 규제도 그대로다. ④ 세계 최초 타이틀을 넘어 세계 시장을 선도할 수 있도록 전체 산업 측면에서 5G 생태계를 구축해야 한다. ⑤ 정부는 관련 규제를 풀고 산업계는 과감한 투자로 플랫폼, 콘텐츠 등 다방면의 경쟁력을 높여야 한다.

쉽게 파악할 수 있다. 바로 마지막 문장이다. '5G 경쟁력을 높여야 한다'가 말하고 싶은 문장이다. 그럼 앞의 문장은 어떤 역할을 할까? 바로 마지막 문장을 뒷받침하는 역할을 한다. 즉 ①~③은 ⑤를 뒷받침한다. ④는 ①~③의 내용을 정리했다. 그래서 '5G 생태계'라는 말이 나온다. 이 단락을 한 문장으로 정리하면 '세계 최초의 타이틀 넘어 5G 생태계의 경쟁력을 높여야 한다'라고 할 수 있다. 짐작하듯 이 사설의 제목은 〈세계 첫 5G 상용화, 타이틀보다 중요한 건 경쟁력〉이다.

긴 글에서 핵심 메시지 파악하기

이제 긴 글을 가지고 이야기해 보자. 다음 내용을 읽고 하나의 핵심 메시지를 도출해 보자. 그리고 이 핵심 메시지를 뒷받침하는 핵심 문장 2개를 찾아보자. 이 핵심 문장은 이 글의 구조를 이해하면 보인다.

① 군더더기 없는, 얄미울 정도로 효율적인 복싱. ② 그것이 메이웨더가 복서로서 결코 젊지 않은 37세의 나이에도 최고의 자리에 군림하는 비결 중 하나일지도 모른다. ③ 이제 시선을 사각의 링만큼이나 경쟁이 치열한 경영 현장으로 돌려 보자. ④ 우리 기업들은 과연 얼마나 효율적으로 일하고 있을까?

⑤ 아직 우리 기업들은 효율적 복서와는 거리가 있어 보인다. ⑥ 알려진 바와 같이 한국의 노동 생산성은 높지 않다. ⑦ 2012년 OECD에 따르면 한국의 취업자당 노동 생산성은 5만 6,710달러(2005년 불변가격, 구매력 평가 기준)로 OECD 평균 7만 222달러의 81퍼센트, G7 평균 8만 780달러의 70퍼센트 수준에 불과하다. ⑧ 물론 생산에는 노동 외에도 많은 요소가 개입하는 만큼 단순 비교에는 한계가 있다. ⑨ 그래도 링 위에서 이 정도의 차이를 보이는 상대를 만났다면 제대로 싸우기 힘들 것이다.

⑩ 일을 적게 해서 생산성이 낮은 것은 아니다. ⑪ 오히려 우리의 근로 시간은 매우 길다. ⑫ 2012년 기준 한국의 연평균 근로 시간은 2,092시간으로 OECD 평균 1,705시간보다 길고, 가장 적게 일한다는 독일(1,317시간)의 1.6배나 된다.

⑬ 상대적으로 낮은 인당 생산성과 긴 노동 시간이 결합된 시간당 노동 생산성은 더욱 낮을 수밖에 없다. ⑭ 역시 OECD에 따르면, 2012년 한국의 시간당 노동 생산성은 28.9달러(구매력 평가 기준)로 33개국 중 28위에 머물러, 가장 높은 노르웨이(86.6달러)의 3분의 1 수준에 불과했다. ⑮ 우리 근로자가 3시간을 일해야 노르웨이 근로자가 1시간 일한 만큼의 가치를 창출했으니 일당백(一當百)에 한참 모자란 '일당 3분의 1'인 셈이다.

⑯ 오래 일하면서도 적게 거두어 '뿌린 만큼 거둔다'는 격언까

지 무색하게 만드는 한국 기업. 우리는 부지런한 비효율의 덫에 빠져 있는 것은 아닐까?

위 지문에서 핵심 메시지는 ⑤에 나와 있다. 글쓴이의 주장은 "한국 기업은 일을 효율적으로 하지 않고 있다"이다. 주장이 나왔으면 이에 대한 이유가 존재해야 한다. 그 이유가 핵심 문장이다. 핵심 문장은 ⑥과 ⑫이다. ⑥의 노동 생산성이 낮은데, 그것은 취업자당 노동 생산성이다. ⑫의 노동 생산성은 시간당 노동 생산성이다. 즉 주장에 따른 이유는 2개다. 이 글의 구조를 더 살펴보면 각각의 이유에 세부 근거 ⑦, ⑭가 제시돼 있다.

지금까지는 논설문에 가까웠다. 그런데 설명문은 어떻게 해야 할까? 다음은 소비자 조사 기법에 관한 보고서다. 이 보고서의 핵심 문장은 무엇일까? 소비자 조사 기법을 소개하고 있기 때문에 첫 문장이 핵심이다. 이런 설명문은 핵심 문장보다 글의 전개 방법을 파악하는 것이 더 중요하다.

① 가정 방문(Home Visiting)은 조사 대상 가구를 방문해 집안 환경을 관찰하고 가족 구성원과의 인터뷰를 통해 가정 내 라이프 스타일 및 제품 사용 행태를 파악하는 것이다. ② 새로운 제품, 서비스 기회를 파악하기 위해 실제 사용자의 니즈를 깊이 파악하고자 할 때 사용한다. ③ 세탁기 사용과 관련해 세탁실

은 주로 어디에 있는지, 세탁기 주변에 어떤 물건들이 놓이는지, 세탁물은 얼마나 되는지 관찰하고, 사용상의 불편한 점, 개선 요구 사항 등을 인터뷰할 수 있다. ④ 면담실에서 진행하는 심층 면접에 비해 사용 상황을 직접 관찰할 수 있고, 소비자가 좀 더 편안하게 제품을 직접 사용하는 순간에 떠오르는 생각들을 포착할 수 있다는 장점이 있다.

위 지문은 가정 방문의 정의 ①, 적용 분야 ②, 예시 ③, 장·단점 비교 분석 ④로 구성되어 있다. 그렇기에 요약 분량에 따라 정의와 분야만 할 수도 있고, 지문에는 없는 다른 조사 기법과 비교 분석까지 할 수도 있다. 이런 설명 중심 보고서도 전체 보고서에 대한 핵심 메시지를 찾을 수도 있다.

이 보고서는 다음과 같이 목차가 구성되어 있다.

Ⅰ. 전통적인 소비자 조사 기법의 한계
Ⅱ. 새로운 대안들
Ⅲ. 조사 기법의 진화
Ⅳ. 조사 기법 활용 팁 및 시사점

이런 목차라면 다음과 같이 핵심 메시지를 도출할 수 있다. 이 보고서는 세 번째의 핵심 메시지로 결론을 맺고 있다.

- 새로운 조사 기법은 새로운 시장 창출의 기회를 제공한다.
- 새로운 조사 기법은 기존 조사 기법과는 다르다.
- 한국 기업은 새로운 조사 기법에 적극적으로 투자해야 한다.

20
요약의 4단계: 구성 정리하기

　핵심 메시지는 핵심 문장과 보조 문장을 토대로 만든다. 그럼 이렇게 만든 핵심 메시지에 맞춰서 각 단락의 핵심 문장을 연결하는 것이 중요하지 않을까? 요약은 그냥 글을 줄이는 작업이 아니라고 계속해서 강조했다. 요약 또한 완결성 있는 글이다. 앞서 말한 요약 기본 기술을 활용해 자신만의 관점으로 내용 축약, 재구성하는 것이 중요하다.
　다시 한번 '5G 경쟁력을 강화해야 한다'라는 핵심 메시지를 담고 있는 사설을 다시 보면서 각 단락의 핵심 문장이 무엇인지 생각해 보자.

① 국내 이동통신 3사가 그제 오후 11시 일부 가입자를 대상으로 5세대(5G) 스마트폰 서비스를 시작했다. 각 사의 1호 가입자들에게 세계 첫 5G 스마트폰인 삼성전자 '갤럭시 S10 5G'를 먼저 개통해 준 것이다. 이로써 한국은 지난해 12월 세계 첫 5G 주파수 송출에 성공한 데 이어 세계 최초의 5G 상용화 국가라는 타이틀을 거머쥐게 됐다.

② 빠른 전송, 방대한 데이터, 실시간 연결 등이 특징인 5G 이동통신은 4차 산업혁명의 핵심 인프라이자 플랫폼 역할을 하면서 일상생활의 변화는 물론이고 산업 간 융합과 혁신을 촉발할 것으로 기대된다. 5G의 경제적 가치가 2035년 12조 3,000억 달러에 이른다는 분석도 있다. 한국이 최고 수준의 정보통신기술(ICT) 역량을 과시하고 관련 시장을 선점하는 계기를 마련했다는 점에서 '세계 최초'라는 상징성과 브랜드 가치는 무시할 수 없다.

③ 하지만 최초 타이틀을 확보하기까지의 과정은 개운치 않다. 정부는 당초 3월 말로 5G 상용화를 추진했다. 그런데 요금제 인가와 전용 스마트폰 출시가 지연되면서 미국 통신사 버라이즌이 먼저 상용화를 하겠다고 치고 나갔다. 다시 이 달 5일을 D데이로 잡은 정부는 버라이즌이 4일로 일정을 앞당긴다는 소식이 들리자 부랴부랴 이통사를 불러 한밤중 기습 개통을 주문했다. 한 이통사는 수정 신고한 5G 요금제를

공개하기도 전에 1호 가입자를 개통해 앞뒤가 바뀐 모양새가 됐다. 정부의 요금 인하 압박과 밀어붙이기식 행정이 빚어낸 결과다.

④ 일반 고객들은 예정대로 5일부터 5G폰을 개통할 수 있지만 아직 대도시 중심의 제한적 서비스다. 5G가 꽃피우려면 네트워크 단말기 장비뿐만 아니라 전용 콘텐츠와 서비스 개발이 뒷받침돼야 하는데 갈 길이 멀다. 2G 때부터 이어져 오는 통신·요금 규제, 빅데이터 산업에 걸림돌이 되는 개인 정보 규제 등 5G 서비스를 막는 규제도 그대로다. 세계 최초 타이틀을 넘어 세계 시장을 선도할 수 있도록 전체 산업 측면에서 5G 생태계를 구축해야 한다. 정부는 관련 규제를 풀고 산업계는 과감한 투자로 플랫폼, 콘텐츠 등 다방면의 경쟁력을 높여야 한다.

①부터 ④까지의 핵심 문장만 추리면 다음과 같다.

"한국은 지난해 12월 세계 첫 5G 주파수 송출에 성공한 데 이어 세계 최초의 5G 상용화 국가라는 타이틀을 거머쥐게 됐다."
"빠른 전송, 방대한 데이터, 실시간 연결 등이 특징인 5G 이동통신은 4차 산업혁명의 핵심 인프라이자 플랫폼 역할을 하면서 일상생활의 변화는 물론이고 산업 간 융합과 혁신을 촉발할 것으로 기대된다."

"하지만 최초 타이틀을 확보하기까지의 과정은 개운치 않다."

"정부는 관련 규제를 풀고 산업계는 과감한 투자로 플랫폼, 콘텐츠 등 다방면의 경쟁력을 높여야 한다."

그런데 이 문장들만 연결하면 요약이 될까? 읽으면 말은 되는 것 같다. 하지만 무엇인가 부족하다. 어떤 것이 부족할까? 4개 문장을 서론, 본론, 결론으로 구분하면 서론(첫 번째 문장부터 세 번째 문장)과 결론(네 번째 문장)만 있고 본론이 빠져 있다. 즉 왜 경쟁력을 높여야 하는지에 대한 근거가 부족하다. 그 근거가 되는 문장에 대한 보완이 필요하다. 일단 서론에 해당하는 문장 3개를 간단히 줄여 보자.

첫 번째는 현재 상황, 두 번째는 문제 제기 문장으로 구성했다. 이를 위해 불필요한 수식어와 중요하지 않은 세부 내용은 삭제했다. 대신 결론을 강조하기 위한 문제 제기 문장을 재구성했다.

"한국은 지난해 12월 세계 최초의 5G 상용화 국가라는 타이틀을 거머쥐게 됐다."

"하지만 타이틀 대비 5G 생태계의 경쟁력은 미흡한 점이 있다."

결론에 해당하는 네 번째 문장은 어떻게 보완하면 될까? 네 번째 문장은 이 사설에서 말하려는 바, 즉 주장이다. 주장이 있으면 근거가 존재해야 하는데 근거가 없다. 근거가 되는 문장을 추가했다.

"일반 고객들은 예정대로 5일부터 5G폰을 개통할 수 있지만 아직 대도시 중심의 제한적 서비스다."
"5G가 꽃피우려면 네트워크 단말기 장비뿐만 아니라 전용 콘텐츠와 서비스 개발이 뒷받침돼야 하는데 갈 길이 멀다."
"2G 때부터 이어져 오는 통신·요금 규제, 빅데이터 산업에 걸림돌이 되는 개인 정보 규제 등 5G 서비스를 막는 규제도 그대로다."
"정부는 관련 규제를 풀고 산업계는 과감한 투자로 플랫폼, 콘텐츠를 개발해야 한다."

이 문장을 앞에서 한 것처럼 축약하거나 재구성해 보자.

"정부는 관련 규제를 풀고 산업계는 과감한 투자로 플랫폼, 콘텐츠를 개발해야 한다."
"5G 서비스는 아직 대도시 중심의 제한적 서비스다."
"네트워크 단말기 장비뿐만 아니라 전용 콘텐츠와 서비스가 아직 미진하다."

"5G 서비스를 막는 통신·요금, 개인 정보 관련 규제가 여전하다."

이제 서론, 본론, 결론의 구조로 수정한 문장들을 다시 연결해 보자. 4단락으로 구성된 사설이 6개 문장으로 요약됐다.

"한국은 지난해 12월 세계 최초의 5G 상용화 국가라는 타이틀을 거머쥐게 됐다."
"하지만 타이틀 대비 5G 생태계의 경쟁력은 미흡한 점이 있다."
"첫째, 5G 서비스는 아직 대도시 중심의 제한적 서비스다."
"둘째, 네트워크 단말기 장비뿐만 아니라 전용 콘텐츠와 서비스가 아직 미진하다."
"셋째, 5G 서비스를 막는 통신·요금, 개인 정보 관련 규제가 여전하다."
"따라서 정부는 관련 규제를 풀고 산업계는 과감한 투자로 플랫폼, 콘텐츠를 개발해야 한다."

21

개조식으로 재구성하고
항목별로 정리하라

개조식은 '글을 쓸 때 앞에 번호를 붙여 가며 중요한 요점이나 단어를 짧게 나열하는 글쓰기 방식'이다. 여기서도 핵심은 요점이다. 단순히 문장을 "~음"으로 끝내는 것이 아니다.

다음은 SPA 관련 신문 기사의 일부다. 이 기사를 개조식으로 정리한다면 어떻게 할 수 있을까?

〈같은 SPA 다른 전략… 유니클로 '기본', 자라 '다품종', H&M '고급화'〉

유니클로는 기본에 충실하다는 평이다. 셔츠, 면바지 등 기본적인 옷을 주로 만든다. 소품종 대량 생산이 특징이다. 유행을 좇지 않는 단순한 디자인의 제품이 많다. 대신 소재와 기능성을 상대적으로 강조한다. 각 시즌에 간판으로 내세울 주력 아이템을 미리 정하고, 집중적으로 홍보해 대량으로 팔아 치운다. 10~30대 젊은 층뿐 아니라 40~60대까지 끌어들이는 비결이다.

자체 공장 없이 100퍼센트 협력 업체를 통해 제품을 생산한다. 주문을 대량으로 발주하고 반품 없이 전량 매입하는 대신 품질 관리 등에 까다롭게 개입하는 식이다.

H&M은 기본 디자인과 유행에 맞춘 디자인을 6 대 4 정도로 적절히 배분해 '최적점'을 찾는 전략을 쓴다. 다른 SPA보다 값이 저렴한 편이고, 매년 100만종 이상을 쏟아 내는 다품종 소량 생산 전략으로 불특정 다수를 공략한다.

H&M의 '필살기'는 유명 디자이너와의 컬래버레이션(협업)이다. 세계적인 정상급 디자이너가 디자인한 옷을 5만~20만 원 정도의 저렴한 가격에 한정판으로 내놓는 것이다. 'SPA는 싸구려 옷'이라는 편견을 깨기 위해 시작한 이 전략은 대성공을 거두고 있다. 국내에서도 새 한정판 출시 때면 매장마다 1,000명 넘게 줄을 서는 진풍경이 연출된다.

기사의 각 문장을 중심으로 정리했다. 여기서 끝일까? 단순히 축약만 하는 이들은 여기서 그치는 경우가 많다. 하지만 다른 사람이 조금 더 쉽게 이해할 수 있게 하려면 어떻게 해야 하는지 더 생각해 보자.

유니클로

- 기본에 충실
  - 셔츠, 면바지 주로 생산
- 소품종 대량 생산
- 유행을 좇지 않는 단순한 디자인 제품, 소재와 기능성 강조
- 주력 아이템을 정하고, 집중적으로 홍보해 대량으로 판매
- 자체 공장 없이 100퍼센트 협력 업체를 통해 제품 생산
  - 주문을 대량으로 발주하고 반품 없이 전량 매입, 품질 관리 철저

H&M

- 기본 디자인과 유행에 맞춘 디자인 비율 6 대 4
- 다른 SPA보다 값이 저렴
- 매년 100만 종 이상을 쏟아 내는 다품종 소량 생산 전략
- 유명 디자이너와의 컬래버레이션
  - 세계적인 정상급 디자이너의 디자인
  - 5만~20만 원 정도의 저렴한 가격에 한정판으로 판매

이처럼 각 브랜드의 비교가 기사의 목적이기 때문에 내용을 한 번 더 구조화해야 한다. 즉 브랜드별 특성에 대한 기술을 동일 항목으로 구분한다. 흔히 말하는 카테고리를 만드는 것이다.

유니클로
- 제품 구성: 셔츠, 면바지 등 기본 옷이 주류
- 제품 생산: 소품종 대량 생산, 자체 공장 없이 100퍼센트 협력 업체를 통해 제품 생산(주문을 대량으로 발주하고 반품 없이 전량 매입, 품질 관리 철저)
- 제품 디자인 및 특성: 유행을 좇지 않는 단순한 디자인 제품, 소재와 기능성 강조
- 제품 판매: 주력 아이템을 미리 정하고, 집중적으로 홍보해 대량 판매

H&M
- 제품 구성: 기본 디자인과 유행에 맞춘 디자인 비율 6 대 4
- 제품 생산: 매년 100만 종 이상을 쏟아 내는 다품종 소량 생산 전략
- 제품 디자인 및 특성: 세계적인 정상급 디자이너의 디자인 (유명 디자이너와의 컬래버레이션)
- 제품 판매: 5만~20만 원 정도의 저렴한 가격에 디자이너 제

품 한정판으로 판매(다른 SPA보다 값이 저렴)

여기서 조금 더 나아가 한눈에 볼 수 있게 표로 만들어 볼 수 있다. 표로 정리하면 빠진 항목을 쉽게 찾을 수 있다. 예를 들어 H&M에는 가격에 대한 설명이 있지만 유니클로에는 없다. 그러면 조사해서 유니클로 제품의 가격대를 추가할 수 있다.

구분	유니클로	H&M
제품 구성	셔츠, 면바지 등 기본 옷이 주류	기본 디자인과 유행에 맞춘 디자인 비율 6 대 4
제품 디자인	유행을 좇지 않는 단순한 디자인 제품	세계적인 정상급 디자이너의 디자인 (유명 디자이너와의 컬래버레이션)
제품 생산	소품종 대량 생산, 자체 공장 없이 100퍼센트 협력 업체를 통해 제품 생산(주문을 대량으로 발주하고 반품 없이 전량 매입, 품질 관리 철저)	매년 100만종 이상을 쏟아내는 다품종 소량 생산 전략
제품 판매	주력 아이템을 미리 정하고, 집중적으로 홍보해 대량 판매	5만~20만 원 정도의 저렴한 가격에 디자이너 제품 한정판으로 판매 (다른 SPA보다 값이 저렴)

표로 구조화하기

이 기사의 요약 방법을 정리하면 나열된 내용 → 개조식으로 전환 → 내용의 항목 구분(카테고리) → 가로×세로 항목 구분이다. 어떤 내용이 단순 나열되어 있다면 이 방법을 활용해 보자.

22

목차를 묶어
글의 구성을 정리하라

구성 정리에 있어 앞서 이야기한 항목별 정리 외에도 목차를 큰 틀에서 묶어 접근하는 방법도 있다. 앞서 살펴본 〈제4차 산업혁명에 대응한 지능정보사회 중장기 종합대책〉의 전체 목차다. 이 목차는 어떻게 구성됐다고 볼 수 있을까?

I. 추진 배경
II. 제4차 산업혁명의 동인: 지능 정보 기술
III. 지능 정보 기술로 인한 변화 전망
   1. 산업 구조의 변화
   2. 고용 구조의 변화

3. 삶의 모습·환경 변화

   4. 국내 경제·고용 효과 분석

Ⅳ. 미래상 및 핵심 성공 요인

Ⅴ. 비전 및 추진 전략

Ⅵ. 지능 정보 사회 중장기 정책 방향

   1. 글로벌 수준의 지능 정보 기술 기반 확보

   2. 전 산업의 지능 정보화 촉진

   3. 사회 정책 개선을 통한 선제적 대응

Ⅶ. 추진 과제

Ⅷ. 추진 체계

크게 묶어 보면 '왜', '무엇', '어떻게'로 구분된다. 즉 왜 추진해야 하는지(Ⅰ, Ⅱ, Ⅲ), 무엇을 추진할 것인지(Ⅳ, Ⅴ, Ⅵ, Ⅶ), 어떻게 실행할 것인가(Ⅷ) 등에 관한 사항이다. '왜', '무엇', '어떻게'는 조금씩 상호 중첩된다. 나중에 요약 시에는 각 부분에서 핵심 메시지를 도출하면 된다. 그러면 각 부분이 서론과 본론의 역할을 하게 되고, 결론 부분은 다시 한번 정리하면 된다.

목차가 명확하게 제시된 글은 조금만 생각하면 요점 정리가 쉽다. 그런데 목차가 구체적으로 제시되지 않은 글은 어떻게 해야 할까? 다음은 〈헛손질 많은 우리 기업들 문제는 부지런한 비효율이다)라는 보고서다. 이 보고서는 따로 목차를 제시하지 않고 이렇게 내용이 전환될 때마다 주요 문장을 뽑아 제시해 놨다.

효율적이지 못했던 효율화 작업, 그 이유는?

한국 기업이 비효율을 구경만 한 것은 아니다. 그간의 생산 현장 효율화 작업과 함께 1990년대 중반부터는 회의를 줄이고, 문서를 간소화하는 등 사무직의 생산성 향상에도 노력을 기울여 왔다.

이 보고서에 제시된 이런 문장만 추출하면 다음과 같다. 앞의 보고서들보다는 덜 구조적이다. 그렇지만 이 문장들만 봐도 생각의 흐름이 보인다. 이 보고서를 대략 4개의 큰 틀로 구분한다면 어떻게 할 수 있을까?

- 아직도 헛손질이 많은 우리 기업
- 효율적이지 못했던 효율화 작업, 그 이유는?
- 발상의 전환이 필요하다
- 부지런한 비효율은 무엇인가?
- '경쟁력 있는' 부지런한 비효율
  - '비효율은 성실하다'
  - '비효율은 유능하다'

- '비효율은 충성스럽다'
  - 비효율의 민낯
  - 보여 주기
  - 시간 끌기
  - 낭비하기
  - 방해하기
  - 분산하기
- 비효율 극복을 위한 방향성
  - 고객 그리고 현장의 목소리
  - 구성원의 용병화를 막으라
  - 관점 변화가 선행돼야

제목에서 볼 수 있듯이 문제점을 지적하는 글이다. 그렇다면 일단 현상이 나오지 않을까? 어떻게 헛손질을 하고 있는지 나오고, 그다음으로 문제점과 원인이 나올 법하다. 그런데 여기서는 '부지런한 비효율'이란 개념을 먼저 제시한다.

왜 그럴까? 익숙하지 않은 개념이기 때문에 그 개념에 대해 먼저 설명하고 가는 것이다. 뒤에는 당연히 문제점을 지적한다. 비효율의 민낯이다. 그다음에는 당연히 문제에 대한 해결 방안이 나온다. 이 구조를 정리하면 다음과 같다.

- 현상 분석
  - 현상, 기존 대응, 새로운 방향
- 개념 제시
  - 정의, 세부 구성
- 문제점 분석
- 해결 방안

23

요점 정리의 기본 틀을 만드는 훈련법

지금까지 요점 정리를 위한 다양한 방법을 알아봤다. 하지만 바로 적용하기는 생각보다 쉽지 않다. 의식적인 훈련이 필요하다. 이를 위해 'S-Canvas(Summarization Canvas)'를 제시한다. S-Canvas는 기본적으로 목적의식, 구조 파악, 핵심 추출, 구성 정리를 기본으로 한다. 글쓴이의 관점, 글의 배경, 글의 구조, 핵심 메시지, 핵심 문장, 생각 정리 같은 항목들로 구성된다.

S-Canvas 활용 방법

요점 정리는 글의 핵심 내용을 기반으로 이뤄진다. 하지만 핵심 내용도 읽는 사람의 관점에 따라 조금씩 달라진다. 모든 사람이 같은 책을 읽는다고 요약도 같지는 않다. 물론 사설처럼 짧은 글은 나의 관점이 들어갈 자리가 없을 수 있다. 그래도 글쓴이의 생각을 자신의 말로 정리하다 보면 주제와 관련된 나만의 관점이 만들어질 수 있다. 각 항목에 어떤 내용이 들어가야 하는지 보자.

글쓴이 관점		
글의 배경		
글의 구조		
핵심 메시지		
핵심 문장(단어)	핵심 문장(단어)	핵심 문장(단어)
나의 관점		

S-Canvas 구조

S-Canvas의 항목별 세부 내용

- 글쓴이 관점
    - 글쓴이가 어떤 관점에서 자신의 주장이나 이야기를 펼치는지 기술

- 글쓴이가 가지고 있는 기본 사고(전제) 이해가 목적
- 글의 배경
  - 왜 이 글을 쓴 것인지에 대한 내용 기술(맥락 파악)
- 글의 구조
  - 주장, 설명, 이야기 등 글의 유형에 따른 글의 구조
  - 서론 - 본론 - 결론, 발단 - 전개 - 위기 - 절정 - 결말, 기 - 승 - 전 - 결
- 핵심 메시지
  - 글쓴이가 전달하고자 하는 내용
- 핵심 문장
  - 핵심 메시지를 뒷받침하는 내용
- 생각 정리
  - 자신의 말로 글쓴이의 메시지 정리

글쓴이의 관점은 글쓴이가 어떤 생각과 가치에 기반해 글을 전개하고 있느냐다. 예를 들어 '스마트폰은 유용하다'는 글이 있다고 하자. 그러면 글쓴이는 디지털 네이티브들에게 스마트폰은 필수적이다, 스마트폰은 다양한 정보를 제공한다, 다양한 업무 수행이 스마트폰 하나로 가능하다 등의 생각을 가졌을 수 있다. 글쓴이가 이런 전제를 가지고 주장한다는 사실을 인지해야 한다.

모든 글에는 이유가 존재한다. 그 이유가 곧 글의 배경이다. 맥락을 알아야 오해의 소지가 없다. 이런 글의 배경은 글의 구조 파악도 용이하게 한다. 글의 구조는 요약의 4단계에서도 봤듯이 전체적인 글의 흐름 파악이다. 큰 틀에서는 목차 구성, 세부적으로는 내용의 전개 방식이 글의 구조다. 그래서 S-Canvas의 항목별 세부 내용에 제시된 가장 기본적인 구조 외에 세부적인 글의 전개 유형을 파악하는 것이 필요하다.

핵심 메시지는 글쓴이의 관점과 글의 구조를 통해 궁극적으로 글쓴이가 어떤 말을 하고 싶은지를 파악한다. 이 메시지가 파악되면 이를 뒷받침하는 내용이 무엇인지도 논리적으로 검토한다. 이게 바로 핵심 문장이다. 하나의 문장이 아닌 뒷받침하는 내용을 적는다. 가능한 한 3가지로 정리한다. 마지막으로 생각 정리는 글쓴이의 관점에 빠졌다가 나와서 글쓴이의 메시지를 자신의 말로 전환하는 것이다.

S-Canvas는 요점을 한눈에 파악할 수 있도록 도와주는 도구다. 정리를 할 때는 자신이 작성한 내용이 틀릴까 걱정부터 하지 말자. 틀린다고 문제되지는 않는다. 정리가 잘못됐다면 다시 하면 된다. 또 모든 글이 유기적으로 잘 짜인 글도 아니다. 글쓴이 또한 생각의 조각들이 파편처럼 흩어져 있을 수 있으니 자신감을 가지고 해 보자. 요점은 나만의 관점도 있으니 말이다.

24

주장이 명확한 글에서
요점을 정리하는 기술

지금부터는 다양한 글의 유형에 따라 S-Canvas로 어떻게 정리할 수 있는지 알아보는 실전 실습 시간이다. 사설과 칼럼부터 보자. 고용 부진에 적극 대응이 필요하다는 사설이다. S-Canvas를 만들어 보자. 핵심 문장에 줄을 그어 가며, 메모를 하며 각 단락이 가진 의미를 생각해 보자.

〈고용 부진, 산업 구조 조정과 규제 혁파로 돌파해야〉
새해 들어서도 고용 부진이 지속되고 있다. 통계청이 어제 발표한 1월 고용 동향 발표에 따르면 지난달 취업자 수는 2,623만 2,000명으로 지난해 1월보다 1만 9,000명 증가하는 데 그쳤다. 이번 증가 폭은 지난해 8월(3,000명) 이후 5개월 만에 가장 적고, 정부의 올해 목표치 15만 명에 한참 못 미친다. 실업자는 1년 전보다 20만 4,000명 늘어난 122만 4,000명으로 외환위기 와중인 2000년(123만 2,000명) 이후 19년 만에 최다였다. 실업률은 4.5퍼센트로 글로벌 금융위기 후폭풍이 몰아친 2010년 이후 가장 높았다.

지난해 일자리 창출에 54조 원을 쏟아붓고, 올해도 23조 5,000억 원이 투입된다. 지난해 하반기 1,200억 원을 투입해 공공기관 초단기 알바 정책으로 반짝 증가하다 그 약효가 떨어지자 최악을 치닫는 것 같다. 지속성 없는 '가짜 일자리'란 지적이 맞았던 셈이다. 필요도 없는 일자리를 억지 춘향식으로 만들어 취업자 수를 늘리는 정책은 하수 중의 하수다. 일자리는 재정 투입만으로 될 일이 아니다. 민간의 투자와 채용 확대, 제도 개선 등이 수반되지 않으면 안 된다. 민간 투자를 활성화해 지속 가능한 일자리를 창출하는 정공법이 필요하다.

투자를 활성화하려면 규제 샌드박스 수준을 넘어 네거티브 규제로 시스템을 전환하는 대변혁이 필요하다. 국민 생명과 건강, 안전 등 필수 분야를 제외한 모든 분야에서 규제 제로베이스에서 시작해야 한다. 파격적인 확장 재정도 필요하다. 지난해 초과 세수 25조 원을 고용 창출에 최대한 투입해야 한다. 최저 임금 제도 개선이나 탄력근무제 확대 등을 조속히 시행하고, 민간이 투자를 확대할 수 있도록 정부가 변하고 있다는 확신을 심어 줘야 한다.

〈고용 부진, 산업구조 조정과 규제 혁파로 돌파해야〉의 S-Canvas

- 글쓴이 관점: 고용 부진은 재정 투입만으로 해결이 어렵다.
- 글의 배경: 정부의 정책 대응에도 고용 부진이 지속됨
- 글의 구조: 현상(문제 제기) - 문제점 - 방안(주장)
- 핵심 메시지: 정부는 고용 참사를 벗어나기 위해 산업 구조 조정, 규제 혁파 등 가능한 모든 정책을 동원해야 한다.
- 핵심 문장(단어):
  - 규제 개혁
  - 네거티브 규제로 시스템을 전환하는 대변혁이 필요하다.
  - 확장 재정
  - 파격적인 확장 재정도 필요하다.
  - 신뢰 조성
  - 정부가 변하고 있다는 확신을 심어 줘야 한다.
- 생각 정리: 고용 부진 타파를 위해서는 재정, 규제, 투자 등 모든 측면에서 과감한 정책 실행이 필요하다.

이번에는 위기 대응 관련 칼럼이다. 사설과 유사한 구조를 가

진 칼럼을 S-Canvas로 어떻게 정리할 수 있을까? 혼자 먼저 작성해 보자.

〈공상하라 공부하라 공유하라〉

위기는 기업 규모를 가리지 않고 찾아온다. 위기를 만들지 않는 것이 최선이지만 이는 불가능하다. 내부에서 스스로 만드는 위기도 있고 외부에서 갑자기 찾아오는 위기도 있다. 위기가 많다 보니 어떤 위기에 어떤 식으로 대응하면 좋을지 대응 전략을 세우기도 어렵다.

위기를 겪고 있는 기업은 언젠가는 이 위기가 끝난다는 사실을 알고 있다. 위기가 끝나면 실적을 만회하고 새로운 성장을 도모하기 위해 적극적으로 움직이겠다고 마음먹는다. 전사 차원에서 사업 방향을 크게 전환하겠다고 말한다. 비유하자면 홍수가 끝나기 무섭게 강물을 막고 수력발전소를 세우겠다는 계획이다.

바로 여기에 주의할 점이 있다. 사운을 걸고 하는 대규모 사업은 성공하면 좋지만 실패하면 대가가 너무 크다. 큰 꿈을 꾸는 기업일수록 작은 실천을 여럿 경험하고 성공과 실패를 골고루 누적해야 한다. 큰 동력을 만들어 큰 사업을 하고 싶다면 작은 동력을 많이 만들어 다양한 규모의 사업을 실험해 보자.

주인공은 사원이다. 위기를 극복하고 기회를 발견하는 과정은 모두 사원이 중심이 돼야 한다. 사원은 마치 물레방아처럼 작은 동력을 끊임없이 만든다. 전사 차원에서 해야 할 일은 사원이 공상과 공부와 공유를 할 수 있도록 권장하는 정도다.

사원은 공상한다. 모든 기회는 공상에서 출발한다. 모든 사업 계획의 절반은 공상이다. 한 시대를 지배하는 사업은 대부분 공상에서 출발했다. 공상하는 사원에게 근거를 묻지 않고 성공 가능성을 따지지 않는다. 위기는 어디에서 와서 어디로 흘러갈까. 사원은 머리로 위기를 읽으면서 가슴으로 기회를 생각한다. 공상하는 사원은 가슴이 뜨거워지고 피가 끓는다.

사원은 공부한다. 공부하지 않고 하는 공상은 깊어지지 않고 넓어지지 않는다. 이론과 기술을 배우고 익히는 노력을 통해 공상은 신념으로 변한다. 사원은 스스로 가설을 세우고 검증한다. 위기에서 발견한 기회를 실험하고 검증한다. 어떤 사업에 어떤 기술을 도입해서 얼마의 효과를 만들 수 있는지 실험한다.

사원은 공유한다. 기회는 혼자서 발견할 수 있으나 사업으로 실현하는 작업은 동료와 함께다. 혼자서는 하나를 하지만 두 사람은 3가지를 한다. 세 사람이면 10가지를 할 수 있다. 사원은 공상하고 공부한 내용을 동료와 나누고 토론한다. 사원의 신념은 기업 전체에 퍼진다. 기업은 사원이 찾은 기회를 사업으로 실현할 수 있는지 검토하고 평가한다.

〈공상하라 공부하라 공유하라〉의 S-Canvas

- 글쓴이 관점: 위기 시에는 작은 실행이 중요하다.
- 글의 배경: 현재 국내 기업이 위기에 처해 있음
- 글의 구조: 기업의 위기 설명 - 위기 대응의 핵심 - 위기 극복 방안
- 핵심 메시지: 사원이 중심이 되어 작은 동력을 많이 만들어 다양한 규모의 사업을 실험해야 한다.
- 핵심 문장(단어):
  - 공상
  - 모든 사업 계획의 절반은 공상이다.
  - 공부
  - 이론과 기술을 배우고 익히는 노력을 통해 공상은 신념으로 변한다.
  - 공유
  - 기회는 혼자서 발견할 수 있으나 사업으로 실현하는 작업은 동료와 함께다.
- 생각 정리: 위기 시에 기업은 사업을 무리하게 추진하기보다 밑에서부터의 사업 기회를 발견하는 것이 필요하다.

25
표현 방식이 다양한 책에서 요점을 정리하는 기술

　사설과 칼럼은 주장이 명확하다. 반면 책은 분야에 따라 말하려는 내용이 유기적으로 연결돼 있지 않은 경우도 많다. 예를 들어 핵심 메시지가 있지만 그 메시지를 뒷받침하는 내용이 에세이처럼 자유롭게 펼쳐져 있을 수도 있다. 그래서 요약할 때는 핵심 문장이나 단어를 자신의 관점에서 의미가 있다고 생각되는 것을 선정하면 된다. 어떤 것이 핵심 문장이고 단어인지 고민하지 말자. 물론 목차가 핵심 메시지를 떠받치고 있다면 목차 중심으로 해도 된다.
　다음은 《테드로 세상을 읽다》의 목차다. 이 책은 테드 강연을 소개한다. 목차별로 주제가 정해져 있기는 개별 강연을 다루고 있다. 이런 책은 요약하라고 하면 막막하다. 핵심 메시지를 어떻게 찾을지도 고민이 된다. 어떻게 정리해 볼 수 있을까?

1장 테드와 사람: 본질에 집중하라

감동 없는 삶보다 몰입의 삶을 살아라

내가 사랑하는 일을 어떻게 찾을 것인가?

행복보다 의미 있는 삶이 더 중요하다

자발적 동기 부여를 만드는 힘

(중략)

2장 테드와 리더: 자율과 지성을 보여 주라

내부 변화를 위해 외부를 봐야 한다

위대한 리더가 되기 위한 방법

썩은 사과는 조직을 병들게 한다

밑으로부터 혁신, 집단지성을 활용하라

(중략)

3장 테드와 경영: 변화와 혁신을 만들어라

'왜' 우리는 '왜'에 집중해야 하는가?

회사의 몰락을 피하는 방법

빠르게 실패하기보다 신중하게 실패하세요

스타트업이 성공하는 가장 큰 이유는 실행력

(중략)

4장 테드와 기술: 지속가능한 기술과 미래를 창조하라
기술은 어떻게 진화하고 무엇을 원하는가?
기술의 발전은 파괴적이다
자동화는 직업을 사라지게 할까?
기술은 생각보다 많은 것을 알고 있다
(중략)

다음과 같이 요약해 보면 어떨까? 핵심 문장은 간단하게 정리했다. 한 문장 이상을 작성해도 상관이 없다.

《테드로 세상을 읽다》의 S-Canvas
- 글쓴이 관점: 테드로 다양한 관점을 배울 수 있다
- 글의 배경: 테드에는 영감이 넘치는 콘텐츠가 많다
- 글의 구조: 강연 주제와 관련된 작가의 경험이나 사례 - 강연 내용 소개 - 강연 시사점 정리
- 핵심 메시지: 테드 강연을 통해 나만의 지식 공유 플랫폼을 만들어 보자
- 핵심 문장(단어):

- 본질
- 몰입과 의미 있는 삶을 추구해야 한다
- 자율과 지성
- 구성원을 동기 부여시키고 집단 지성을 활용해라
- 변화와 혁신
- 외부 변화에 민첩하게 대응하고 기술 혁신을 추구해라
• 생각 정리: 테드 강연을 통해 일상의 모든 순간을 어떻게 살아갈 수 있을지를 알 수 있다

글쓴이의 관점, 글의 배경, 핵심 메시지는 책의 프롤로그와 에필로그를 보면 알 수 있다. 작가가 이 책의 주제를 어떤 관점에서 작성했는지, 독자들이 이 책을 통해 어떤 의미를 찾았으면 하는지가 나온다. 그래서 사실 책을 요약할 때는 이 부분을 먼저 읽은 다음은 본문 내용을 읽는 것이 좋다.

글의 구조도 마찬가지다. 목차뿐 아니라 책의 도입부에서도 알 수 있다. 이 책에는 다음과 같이 소목차를 어떻게 정리했는지 제시했다.

"각 영역의 이야기들 속에도 순차적으로 생각해 볼 수 있도록 주제들을 제시했습니다. 예를 들어 첫 장 '사람' 편에서는 '몰입, 일, 의미, 동기 부여, 쉼, 소통, 성공' 순으로 이야기를 정리했습니

다. 몰입을 통해 자신의 일과 삶의 의미를 생각해 보고, 일과 삶의 의미가 정리되면 어떻게 해야 지속적으로 동기를 부여할 수 있을지 이야기합니다. 이후에는 쉼과 소통의 필요성을 이야기하며, 이런 모든 과정을 통해 성공보다 삶 그 자체를 즐길 수 있도록 소개했습니다."

이 책은 강연이 중심이기 때문에 각 강연이 어떻게 정리됐는지가 핵심이다. 큰 틀의 구조는 따로 없기 때문에 강연별로 어떻게 작가가 내용을 설명하는지를 파악하는 것이 중요하다. 그래야 강연 내용을 이해하기가 수월하다.

또 다른 책을 정리해 보자. 이 책은 젊은 나이에 시한부 선고를 받고 세상을 떠난 작가의 자전적 이야기가 담긴, 위지안의 《오늘 내가 살아갈 이유》다. 에세이다. 자신의 삶의 목표를 향해 거침없이 달려가던 중 말기 암 판정을 받고 난 후의 삶에 대한 생각을 쓴 책이다. 먼저 목차의 일부를 본 뒤 이 책이 어떤 내용인지 대략 감을 잡고 정리한 내용을 보자.

첫 번째 이야기- 삶의 끝에 서서
작은 행동에도 커다란 마음이 담길 수 있다는 것
우리 삶에 정해진 법칙이란 없다는 것
인사조차 나눌 틈이 없는 작별도 있다는 것

똑똑한 사람 행세는 괴로운 낙인이라는 것

갈대의 부드러움이 꼭 필요하다는 것

(중략)

두 번째 이야기- 삶의 끝에서 다시 만난 것들

누구나 막대한 빚을 지고 있다는 것

불안과 두려움 없이는 어른이 되지 못한다는 것

위해 주는 마음이 차이를 만든다는 것

때로는 고개를 쳐들고 맞서야만 한다는 것

남들보다 즐거워할 자격이 있다는 것

착한 사람이 가장 강하다는 것

(중략)

세 번째 이야기- 삶의 끝에 와서야 알게 된 것들

기적은 꽤나 가까이에 있다는 것

고마움을 되새기면 외롭지 않다는 것

나는 한 편의 드라마로 시작됐다는 것

이별은 또한 홀로서기라는 것

줄 것은 항상 넘친다는 것

(중략)

다음은 정리한 내용이다. 이 책 또한 글쓴이의 관점은 프롤로그에서 찾았다.

"우리는 뭔가를 잡기 위해서는 아주 먼 곳까지 전속력으로 달려가야 한다고 믿으며, 십중팔구 그런 믿음이란 것이 '턱도 없는 신기루'에 불과하다는 진실을 끝끝내 인정하지 않으려고 한다."

《오늘 내가 살아갈 이유》의 S-Canvas
- 글쓴이 관점: 무엇인가를 달성하기 위해 전속력으로 달리는 것은 신기루일 뿐이다.
- 글의 배경: 말기 암 선고를 받은 후의 삶의 경험
- 글의 구조: 시간 흐름 - 시한부 선고, 일상의 재발견, 깨달음
- 핵심 메시지: 미래의 행복을 위해 수많은 '오늘'을 희생하지 말자.
- 핵심 문장(단어):
  - 삶의 태도(자세)
  - 운명은 바꿀 수 없지만 운명을 대하는 나의 자세는 바꿀 수 있다.
  - 사랑
  - 사랑은 나중이 아니라 지금 이 순간에 하는 것이다.
  - 씨앗

- 사람이 잘 살아간다는 것은 누군가의 마음에 씨앗을 심는 일이다.
• 생각 정리: 삶은 행복을 추구하는 과정이다. 하지만 행복을 추구하기 위해 현재를 희생해 가며 미래를 찾으려 하지 말자. 내가 살아갈 이유를 찾고 의미 있는 삶을 만들자.

글의 배경 또한 프롤로그에 나와 있다. 큰 틀에서 글의 구조는 말기 암 판정을 받은 이후의 삶을 목차처럼 세 부분으로 구성했다. 각각의 글은 자신의 경험담을 담담하게 풀어 썼다. 이 책 같은 경우 핵심 메시지는 읽는 사람에 따라 다를 수도 있다. 나는 '현재의 삶'에 초점을 두었다. 핵심 문장도 삶의 태도, 사랑, 씨앗이란 키워드로 정했다. 삶의 끝에 서기 전에 삶의 태도를 바꾸고 주변 사람을 사랑하며, 자신의 삶이 누군가의 미래가 되길 바라는 측면에서다. 이 키워드를 목차별로 뽑을 수도 있지만 글의 흐름이 시간 순서대로 진행되기 때문에 꼭 그럴 필요는 없다. 의미 있는 메시지는 시간과 별개로 나올 수도 있어서다.

26

보고서에서
요점을 정리하는 기술

　이번에는 일할 때 가장 많이 보는 보고서 요약이다. 많은 사람이 다양한 유형의 보고서를 보고, 자신이 말하고자 하는 사항에 맞춰 보고서 내용을 재구성한다. 이때 해당 보고서의 핵심이 무엇이고 글의 전개가 어떻게 이뤄지는지 빠르게 파악하는 것이 중요하다. 업무 프로세스, 벤치마킹을 통한 비교 분석, 시간적인 분석 등 전개 방법은 다양하다.

　LG경영연구원에서 작성한 보고서를 보자. 보고서의 첫 장에는 다음과 같이 보고서의 내용이 간단하게 정리돼 있다. 이 내용만 보면 각 국가의 대표 업체인 웨이모(미국)와 바이두(중국)의 자율 주행 기술에 대한 상반된 접근 방식을 분석하는 내용이다.

〈미중 혁신 레이스로 성큼 다가온 자율 주행 시대〉

식어 가던 자율 주행 열기가 다시 활기를 찾고 있다. 2010년대 중반 AI와 공유경제 부상으로 주목받았던 자율 주행은 상용화 지연과 안전 사고로 주춤해졌다. 그러나 최근 미국의 웨이모와 중국의 바이두가 상용화에 실질적으로 성공하며 새로운 전기를 맞고 있다.

웨이모는 미국의 시장 자율성과 안전성 규제를 반영한 신중한 접근을 택했지만, 바이두는 중국 정부의 강력한 지원을 통해 혁신적 실험과 빠른 성장을 꾀했다. 두 기업의 행보는 기술 개발, 경제성 확보, 소비자 수용성에서 서로 다른 접근법으로 자율 주행의 미래를 그려 가고 있다.

위의 내용을 이해했다면 이 보고서는 앞으로 규제, 기술, 경제성, 소비자 수용성 측면에서 두 국가와 기업을 비교하겠다는 생각이 들어야 한다. 보고서를 볼 때는 이처럼 요약 페이지에서 글의 내용을 보는 것이 아닌 구조(또는 전개)가 어떻게 되는지 파악하는 것이 중요하다.

〈미중 혁신 레이스로 성큼 다가온 자율 주행 시대〉의 S-Canvas

- 글쓴이 관점: 자율 주행의 상용화를 위해서는 제도 정비, 기술 혁신, 경제성 있는 비즈니스 모델 구축, 소비자 수용성 개

선이 필요하다.
- 글의 배경:
  - 테슬라의 '로보택시 데이' 발표 이후, 자율 주행 관심 증폭 계기
  - 미국 웨이모와 중국 바이두, 로보택시 서비스 상용화에 성공
- 글의 구조: 미국 웨이모와 중국 바이두의 자율 주행 정책 및 기술 비교 분석(대조)
- 핵심 메시지: 자율 주행 시장은 다양한 각도에서 전망할 수 있다.
  - 미국과 중국 중심으로 개화·확산, 국가 및 지역 특성 반영한 개별 생태계로 발전, 제조 혁신의 핵심 동력으로 부상
- 핵심 문장(단어):
  - 정책 및 규제
  - 웨이모는 '업계 자율' 웨이모
  - 바이두는 정부의 전폭적 지원
  - 기술 혁신
  - 기술 선도 웨이모
  - 선진 기술 적극 흡수 바이두
  - 경제성
  - 수익성 개선 난항
  - 보조금 의존 높은 바이두

- 소비자 수용성
- 투명 공개 웨이모
- 소비자 불편 사항 실시간 피드백 바이두
- 생각 정리: 미국과 중국 중심의 자율 주행 시장이 향후에는 제도, 기술, 비즈니스 모델, 소비자 수용성 관점에서 국가·지역 특성을 고려해 발전할 것으로 보인다.

S-Canvas의 핵심 문장과 단어 정리를 다음과 같이 해도 괜찮다. 관점이 명확하게 드러나거나 내가 관점을 분류할 수 있다면, 다음과 같이 관점을 제시하면 핵심이 더 두드러진다.

정책 및 규제 관점
- 웨이모는 '업계 자율'
- 바이두는 정부의 전폭적 지원

기술 혁신 관점
- 기술 선도 웨이모
- 선진 기술 적극 흡수 바이두

경제성 관점
- 수익성 개선 난항 웨이모

- 보조금 의존 높은 바이두

소비자 수용성 관점
- 투명 공개 웨이모
- 소비자 불편 사항 실시간 피드백 바이두

27
글의 패턴만 알면 요점 찾기가 쉬워진다

세상은 문제로 가득하다. 문제는 수많은 글을 쓰게 한다. 당장 신문만 봐도 그렇다. 우리 사회에 어떤 일이 일어나고 있고 문제가 무엇인지 적혀있다. 이 문제를 해결하라고 재촉하기도 하고, 오피니언 리더를 통해 해결책을 찾아보기도 한다. 그만큼 우리가 쓰는 많은 글은 문제에서 시작한다. 기획서나 보고서 또한 대부분 문제를 다루고 있지 않은가?

S-P-S 프레임 3단계

문제에 관한 글이 어떤 식의 구조를 가졌는지 알면 요약하는 데

도움이 된다. 앞에서 구조를 다룰 때 다양한 글의 구조를 살펴봤다. 문제를 다룬 글의 구조는 어떻게 되어 있을까? 크게 S-P-S의 3단계다.

① 상황(Situation)
② 문제점(Problem)
③ 해결책(Solution)

상황은 주제와 관련한 현실, 진단, 개념 등을 다룬다. AI 같은 신기술이 등장했다면 AI가 무엇인지를 설명하는 내용이 상황 부분에 나올 수 있다. 상황이란 단어가 광범위한 의미를 담고 있다고 생각하면 좋다. 문제점은 말 그대로 글쓴이가 지적하려는 내용이다. 문제, 이슈, 원인이란 단어가 이 부분에 나온다. '현재 상황이 이러이러해서 이슈가 발생하고 있다, 이 상황의 근본 원인은 이렇다'라는 형태다. 해결책은 대안, 방안, 과제, 제안, 권고, 해법 등 다양한 형태로 제시된다. 문제점이 나온다고 해서 글에 꼭 해결책이 제시되지는 않는다. 대략 이런 방안들이 검토될 수 있다고도 할 수 있다.

다음은 SNS 허위 광고 관련 신문 기사다. 사례를 소개하는 내용을 제외하고 주요한 내용만 뽑았다. 주요 내용만 봤을 때 기사 내용의 각 단락이 어떤 구조를 가지고 있는가?

〈뽑아도 계속 나는 잡초처럼… 'SNS 다이어트 허위 광고' 범람〉

SNS 허위·과장 광고로 인한 소비자 피해가 늘어나고 있다. 특히 다이어트와 같이 소비자들의 관심이 몰리는 분야에서 제대로 여과되지 않은 광고가 소비자들을 현혹하고 있다. 유명 유튜버가 다이어트 보조제 허위 광고를 게재해 벌금형 선고를 받을 정도로 단속과 제재가 따르고 있지만 SNS에서의 허위 광고는 좀처럼 사라지지 않는다.

문제는 SNS상의 허위·과장 광고에 대한 적발이 쉽지 않다는 점이다. 현재 국내에서 인터넷을 통한 광고는 한국인터넷광고 자율정책기구가 심의한다. 하지만 강제성은 없다. 네이버·카카오 등 제휴사에 대한 심의만이 진행될 뿐 SNS 허위·과장 광고에 주로 이용되는 페이스북, 인스타그램, 트위터 등 SNS 채널은 심의가 진행되지 않는다.

윤철한 경실련 소비자정의센터 국장은 "1차적 책임은 판매자에 있지만 광고를 내보내는 플랫폼도 관리·규제를 강화시켜야 한다"며 "플랫폼 자체가 외국 기업이고 서버도 외국에 있지만 국내에서 영업 행위를 하고 수익을 가져가니 당연히 국내법을 적용해야 하고, 허위·과장 광고 처벌도 보다 강화해야 한다"고 강조했다.

이 기사의 구조 또한 핵심 내용은 상황, 문제점, (간접적인) 해결책의 구조를 가지고 있다. 일반적으로 신문 기사는 해결책을 직접 제시하지 않는다. 그래서 인터뷰 내용을 기반으로 가능한 해결책을 보여 주고 있다. 정리해 보면 다음과 같다.

- 상황: SNS 허위·과장 광고로 소비자 피해가 증가하고 있다.
- 문제점: 페이스북, 인스타그램, 트위터 등 주요 SNS 채널의 허위·과장 광고에 대한 심의가 없다.
- 해결책: 국내에서 영업하고 있는 해외 SNS 플랫폼 대상으로 국내법 적용이 필요하다.

이런 유형의 글은 사실 주변에 넘쳐난다. 상황 대신 진단 결과를 보여 주고 문제점을 지적하기도 하고, 문제점과 함께 세부 원인을 분석해 방향과 대안을 제시하기도 한다. 기본 틀은 그래도 상황, 문제점, 해결책의 구조다.

〈실효성을 높이기 위한 구성원 설문 조사의 새로운 변화〉라는 보고서가 있다. 이 보고서의 목차는 다음과 같다. 이 목차도 S-P-S 구조로 해석할 수 있다.

① 구성원 설문 조사를 하는 이유
② 기존 구성원 설문 조사의 문제

③ 구성원 설문 조사의 새로운 변화
④ 맺음말

일단 제목에서 알 수 있듯이 새로운 변화라는 단어가 나온다. 이는 기존의 방식에서 벗어나겠다는 의미다. 그러면 목차가 어떻게 될까? 기존 방식의 문제점이 나온다. 이 보고서는 구성원 설문 조사를 하는 '이유'를 통해 설문 조사의 현 상황을 제시했다. 그리고 다음 목차는 '기존' 조사의 문제가 나온다. 세 번째는 무엇인가? '새로운' 변화다.

항목 ① 설문 조사의 실태를 이야기한다. (상황)
항목 ② 기존 조사의 문제를 지적한다. (문제점)
항목 ③ 기존 조사의 한계를 극복하기 위한 대안을 제시한다. (해결책)

S-P-S는 글의 구조를 이해하는 프레임이다. 문제·이슈, 방향·변화 등의 단어를 담고 있는 글을 S-P-S 프레임으로 보면 이해하기 쉽다. 지금 본 설문 조사 보고서도 목차의 텍스트를 그대로 이해할 것이 아니라 텍스트의 의미가 무엇인지를 생각해야 한다. 사람들이 목차를 보고도 구조를 잘 파악하지 못하는 이유는 텍스트를 텍스트로만 이해하기 때문이다. 그러면 글의 구조가

보이지도 않고 무의식적으로 텍스트에만 집중하게 된다. 내용을 설명해 보라고 하면 설명을 못하는 상황이 발생한다.

실제 위 보고서에는 다음과 같은 요약 글이 있다. 이 요약 글을 본다면 S-P-S 구조가 더 뚜렷하게 들어온다.

- 상황: 구성원들을 대상으로 설문 조사를 시행하는 기업이 적지 않다. 설문 조사에 서 나타난 구성원 의견을 바탕으로 조직 운영 방식을 개선하거나 구성원들의 업무 몰입도를 높이는 데 도움이 되는 아이디어를 발굴할 수 있기 때문이 다. 또 구성원들의 의견을 존중하고 있다는 인식을 줄 수 있고, 이를 통해 조 직에 대한 신뢰를 높이는 등 구성원들의 태도를 긍정적으로 변화시키는 효과가 있다.
- 문제점: 그러나 구성원 설문 조사에 대한 비판도 적지 않다. 다양한 주제에 걸친 지나치게 많은 수의 문항에 따른 응답 동기 저하로 설문의 정확도가 떨어지는 경우가 많다. 설문 결과를 제대로 활용하지 않아 매년 관행적으로 실시하는 형식적인 제도로 전락하거나, 실질적인 개선 보다 조직간 점수 경쟁으로 변질되는 등 구성원 설문 조사의 실효성에 대한 비판이 꾸준히 제기되고 있다.
- 해결책: 구성원 설문 조사의 장점을 살리고 단점을 보완하기 위한 변화가 지속되고 있다. 발달된 IT 기술 등을 활용한

빠른 설문 구성 및 분석, 주관식이나 감정 분석 등 질적 분석 기법의 발달, 구성원들이 보다 친숙하게 접근할 수 있는 모바일 기기 및 소셜 미디어 등의 활용 등 다양한 시도가 나타나고 있다. 예를 들어 애플 스토어, 젯블루 등의 경우 한두 문항으로 구성된 짧은 설문으로 구성원들의 몰입도를 측정한다. IBM, 인텔은 설문 조사의 주관식 응답이나 사내 게시물에서 수집한 문장들을 분석해 조직 운영 등에 대한 구성원들의 감정 변화를 파악하기도 한다.

요약도 어떻게 보면 패턴이다. 글은 구조를 가지고 있고, 글쓴이는 구조를 생각하면 글을 쓰기 때문이다. 머릿속 생각을 그냥 쓰는 것이 아닌 몇 번의 정제 과정을 거친다. 우리가 보는 모든 글은 정제된 글이기 때문에 구조를 가질 수밖에 없다.

S-P-S 프레임을 확대하면 3장 구조 파악에서 본 '현황 - 문제점 - 개선 방향 - 개선 방안 - 실행 계획 - 기대 효과'의 목차도 생각해 볼 수 있다. 3단계의 틀이 6단계로 늘어난 것뿐이다. S-P-S 프레임을 문제가 아닌 기회로 생각해 보면 어떤가? 상황 - 기회 - 제안(과제)의 틀도 가능하다. 문제를 다룬 글이 있으면 기회를 다룬 글도 있지 않은가? 세상에 문제가 있으면 기회가 있는 것처럼.

핵심은 기본 프레임을 이해하고 관련 글에 적용해 보면서 때로는 구체적으로, 때로는 역으로 적용해 보면 새로운 틀을 계속 만들 수 있다. 이런 틀을 머릿속에 5개 정도만 알고 있어도 글 읽는 것이 쉬울 뿐 아니라 요약에 대한 두려움도 사라진다.

횡설수설하지 않고
요점만 명확하게 전달하는 법

말하기 습관부터 글쓰기 습관까지

28

왜 내 말을 이해하지 못할까?

 AI, 빅 데이터, 양자 컴퓨터 등 세상은 너무도 빠르게 변한다. 누군가에게 새로운 내용을 전달할 일도 많다. 새로운 변화에 어떻게 대응해야 하는지를 말해야 하기도 한다. 이뿐만이 아니다. 넘쳐나는 새로운 지식을 습득하고 그 내용을 소화해서 누군가에게 핵심만 알려 줘야 하는 일도 빈번한다. 이럴 때 상대를 앞에 두고 주저리주저리 말한다면 상대는 내 말에 관심을 가질까?

 요점 정리는 나를 위한 공부이기도 하지만 누군가에게 알려 주기 위한 기반 활동이다. 만약 상대가 1분밖에 시간이 없으니 핵심만 말하라고 한다면 어떨까? 주저리주저리 말하는 것으로는 몇 번을 해도 1분 안에 상대를 설득하기 위한 핵심 전달이 어렵다.

알고 보면 요점 없는 말만 되풀이한다

요점 정리는 기본적으로 생각 정리 활동이다. 하지만 생각을 정리해도 누군가에게 요점만 잘 전달하지 못하는 일이 다반사다. 분명 보고서를 보면 깔끔하게 정리했는데, 발표는 어물어물하고만 있다. 도대체 왜 요점 전달이 안 되는 것일까? 요점 정리부터 발표까지의 과정을 검토해 보면 몇 가지 이유가 보인다.

먼저 정리된 내용 자체에 요점 또는 핵심이 빠진 경우다. 분명 나는 정리를 했다고 생각하지만 핵심을 알 수가 없다. 생각보다 많은 사람이 이런 실수를 범한다.

다음은 모빌리티 빅데이터 기반 서비스 관련 보고서의 배경 부분이다. 형식만 보면 3개의 문장으로 배경을 설명하는 것처럼 보이지만 문장 하나하나 뜯어 보면 내용 반복을 볼 수 있다.

① 정부에서 민간 협력 기반 데이터 플랫폼 발전 전략을 발표해 빅데이터 플랫폼의 서비스 고도화 추진
② 모빌리티 데이터를 기반으로 한 신규 서비스 창출 및 사회 문제 해결 기회 증가에 따라 데이터를 활용한 모빌리티 분야 서비스 혁신 촉진 필요
③ 모빌리티 산업의 선도를 위해 공공과 민간의 데이터 공유와 데이터 경제 기반의 모빌리티 서비스 활성화를 통해 새로운 가치 창출 및 혁신적인 서비스와 솔루션 창출 필요

②와 ③을 보면 내용이 중복될 뿐만 아니라 왜 모빌리티 데이터 기반 서비스가 필요한지에 대한 구체적인 내용은 없다. 세 문장이지만 배경에서 제시돼야 할 필요성에 대한 구체적인 이야기가 없다. 단지 모빌리티 데이터 기반 서비스 창출이 필요하다는 내용만 반복할 뿐이다.

예를 들어 현재 모빌리티 데이터 통합 채널 내에 다양한 데이터가 존재하는데, 이를 활용한 서비스 개발은 미흡하다는 내용이 필요하다. 그래서 흐름이 빅데이터 서비스의 중요성, 현재 모빌리티 빅데이터 기반 서비스의 부재, 서비스 개발을 통한 다양한 성과 창출 가능 순으로 논리가 전개돼야 한다.

만약 위에 작성된 내용대로 발표를 한다고 생각해 보자. 세 문장밖에 안 되니 크게 문제가 없을 수는 있지만, 계속 같은 말을 하는 자신을 볼 수가 있다. 나는 분명 모빌리티 빅 데이터 기반 서비스 개발의 필요성에 대해 잘 설명했다고 생각할 수 있다. 하지만 상대방도 그럴까? 상대방은 발표 내용을 들으면서 주장만 있을 뿐 '왜 필요한지'에 대해 알 수 없어 의문을 가질 것이다.

'그리고'의 함정

다음은 관점의 부재다. 글의 구조 파악에 있어 관점은 중요한 요소라고 앞에서 이야기했다. 관점이 없으면 전달할 내용이 체계화되지 않아 무한 반복되는 상황을 맞이한다. 특히 '그리고', '음' 등을 남발하게 된다. 계속 다른 말을 해야 하는데, 중간에 연결 고리가 없으면 '그리고'로 대신하려고 하기 때문이다. 조직 문화 개선 방안을 보고하려고 하는데, 다음처럼 문제점이 나열되어 있다고 생각해 보자.

문제점 ① 수직적 권위주의 문화
- 상명하복 구조 때문에 창의성과 자율성이 억제됨

문제점 ② 사일로형 조직
- 부서 간 협업보다 내부 이익에만 집중

문제점 ③ 리더의 인정 및 피드백 부족
- 성과와 노력에 대한 리더의 인정이 적어 동기 저하

문제점 ④ 조직/직급 간 커뮤니케이션 부족
- 중간 관리자 중심 정보 독점, 하향식 전달만 존재

문제점 ⑤ 비공식 커뮤니케이션 심화
- 비공식 커뮤니케이션 활성화로 정보 왜곡, 내부 정치 심화

문제점 ⑥ 리더 주도의 일방적 의사 결정
- 구성원 참여 없이 결론이 정해진 회의 진행

어떻게 말해야 할까? 1번 문제점부터 6번 문제점까지 줄줄이 읽어 내려가면 될까?

"첫 번째 문제는 수직적 권위주의 문화고요. 이 문제점은 어쩌고저쩌고…. 두 번째 문제점은 사일로형 조직이고요. 이 문제점은 어쩌고저쩌고…. 그리고 세 번째 문제점은…. 그리고…."

보고받는 사람이라면 이렇게 이야기할 때 어떤 생각이 들까? '설마 6개 문제점을 다 이야기하려는 것일까?' 또는 '그래서 핵심 문제점이 뭐야?'라고 생각하지 않을까? 보고자는 핵심을 전달하고 있다고 생각하지만 상대방은 분명 아직 정리가 덜 됐다고 생각할 가능성이 높다.

요점을 전달할 때는 상대방이 핵심이 무엇인지 바로 파악할 수 있게 해야 한다. 특히 '그리고'를 남발하지 않기 위해서는 더더욱 그렇다. 어떻게 보고하면 상대가 조금 더 쉽게 이해할 수 있을까? 바로 다음처럼 6개의 문제점을 몇 개로 묶어 말하면 된다. 위의 내용 중 유사한 문제점을 묶어서 리더십(①, ③, ⑥)과 소통(②, ④, ⑤) 관점에서 문제점을 상대에게 알려 준다.

리더십

문제점 ① 수직적 권위주의 문화
- 상명하복 구조 때문에 창의성과 자율성이 억제됨

문제점 ③ 리더의 인정 및 피드백 부족

- 성과와 노력에 대한 리더의 인정이 적어 동기 저하
문제점 ⑥ 리더 주도의 일방적 의사 결정
- 구성원 참여 없이 결론이 정해진 회의 진행

소통

문제점 ② 사일로형 조직
- 부서 간 협업보다 내부 이익에만 집중

문제점 ④ 조직/직급 간 커뮤니케이션 부족
- 중간 관리자 중심 정보 독점, 하향식 전달만 존재

문제점 ⑤ 비공식 커뮤니케이션 심화
- 비공식 커뮤니케이션 활성화로 정보 왜곡, 내부 정치 심화

이렇게 묶으면 보고 또한 쉬워진다. 아래처럼 상대방에게 이야기하면 앞의 내용보다 쉽게 와닿는다.

"저희 조직의 문제점은 크게 리더십과 소통 관점에서 볼 수 있습니다. 먼저 리더십 관점에서 보면 수직적 권위주의 문화, 리더의 일방적 의사 결정 등이 있습니다. 소통 관점에서는 사일로형 조직, 조직/직급 간 커뮤니케이션 부족 등이 있습니다. 리더십에서는 수직적 권위주의 문화가 핵심 문제점이고….”

그러면 이제 요점을 파악해 보고까지 하는 연습을 해 보자. 다음은 회복 탄력적 기업의 대응 프로세스에 따른 조직 문화 강화 요소를 설명하고 있다.

① 가치 공감, 일체감 형성으로 목표/행동의 구심점을 확보하는 '유대 강화'를 위해서는 조직/동료 간의 정서적 유대와 공동체 의식을 제고하는 '가치 공유' 요소가 필요
② 다양한 정보와 변화 통찰력을 기반으로 개선 니즈를 포착하는 '변화 감지'를 위해서는 사회적 관계 속에서 자원을 동원하는 '사회적 자본' 요소와 예상치 못한 문제에 대응하는 '적응적 리더십' 요소가 필요
③ 속도, 다양성, 유연성 기반의 애자일한 의사 결정을 추진하는 '계획 수립'을 위해서는 빠르고 효과적인 의사 결정 및 수립 체계를 구축할 수 있는 '조직 민첩성' 요소가 필요
④ 창의적, 도전적으로 자원을 발굴 및 활용해 가시적 성과를 창출하는 '실행'을 위해서는 자원의 재조합으로 가치를 창출하는 역량인 '브리콜라주' 요소와 위험 감수, 자유로운 의견 개진이 가능하다는 믿음인 '심리적 안전감' 요소가 필요

문장 구조를 봤을 때 문장별 핵심 단어가 눈에 바로 들어오는가? 문장별 핵심 단어를 먼저 찾아보자.

①에서는 유대 강화, 가치 공유다. ②에서는 어떤 단어일까? 변화 감지, 사회적 자본, 적응적 리더십이다. ③은 동일한 문장 구조이기 때문에 계획 수립, 조직 민첩성, ④는 실행, 브리콜라주, 심리적 안전감이다. 이렇게 보면 결국 내용은 회복 탄력적 기업이 되기 위한 단계를 말하고 있는 것으로 볼 수 있다.

이 내용을 구조화하면 유대 강화, 변화 감지, 계획 수립, 실행의 프로세스로 구성할 수 있다. 보고 또한 회복 탄력적 기업의 4단계 대응 프로세스를 제시하고 단계별 핵심 단어 중심으로 설명을 한다면 위의 내용을 쉽게 이해할 수 있다.

회복 탄력적 기업의 대응 프로세스

- 유대 강화: 비전 목표 내재화 → 구심점 확보
- 변화 감지: 외부 환경 변화 예측 → 개선 니즈 포착
- 계획 수립: 역동적 대안 검토 → 애자일한 의사 결정
- 실행: 창의 도전 중시 → 가시적 성과 창출

대응 단계별 조직 문화 강화 요소

- 유대 강화: 가치 공감, 일체감 형성으로 목표의 구심점 확보
  - 가치 공유: 조직/동료 간 정서적 유대 및 공동체 의식 제고
- 변화 감지: 다양한 정보와 변화 예측으로 개선 니즈 포착
  - 사회적 자본: 사회적 관계 속에서 지원을 동원하는 능력

- 적응적 리더십: 예상치 못한 문제에 대응하는 리더십
- 계획 수립: 속도, 다양성, 유연성 기반의 애자일한 의사 결정 추진
  - 민첩성: 빠르고 효과적인 의사 결정 및 수립 체계 구축
- 실행: 창의적, 도전적 자원 발굴 및 활용으로 가시적 성과 창출
  - 브리콜리주: 자원을 재조합해 가치를 창출하는 역량
  - 심리적 안전감: 위험 감수, 자유로운 의견 개진이 가능하다는 믿음

우리가 요점을 정리하는 이유는 스스로 이해를 돕기 위한 것도 있지만 대부분 누군가에게 설명하기 위한 목적이다. 그렇기 때문에 내가 봤을 때 정리가 됐다는 것보다 상대방이 봤을 때 요점이 명확하게 드러나는 게 핵심이다. 특히 '그리고'의 남발을 막기 위해서는 관점에 기반한 정리가 필수다. 이렇게만 한다면 어떤 상대든 1분 안에 설득할 수 있는 역량을 갖출 수 있다.

29
메시지를 강조하고 세부 내용을 설명하라

 요점은 글뿐만 아니라 말에도 적용된다. 지금까지는 글 중심으로 말했다. 이번에는 말에 대해 이야기해 보자. 일단 글로 정리가 되면 말로 표현하는 것도 어렵지 않다고 생각한다. 그런데 정말 요점 정리를 잘하는 사람은 말도 잘할까? 학교 다닐 때 공부를 잘하던 친구들은 기본적으로 요점 정리를 잘했다. 핵심이 무엇인지 잘 알았다. 그런데 말을 잘하지 못하는 경우가 있었다. 내성적이어서 그랬을까? 그렇지 않다.
 요점을 말로 잘 표현하지 못하는 경우 내용을 이해하긴 했지만 이를 기계적으로 이해했을 가능성이 높다. 기계적인 이해란 무엇일까? 암기를 해도 원리를 알고 하는 암기와 무작정 반복해서

하는 암기가 있다. 요점 정리는 방법을 알면 어느 정도는 기계적으로 가능하다. 하지만 그렇다고 해서 내가 그 내용을 제대로 알고 있다고 말할 수 있을까? 단순히 글의 구조만 파악해서 정리한 것은 아닐까? 우리는 글을 그대로 말로 전달하지 않는다. 적혀 있는 글이 보기에는 편해도 말로 하려면 불편할 수 있다.

핵심만 말하기 위한 M-C-M 기법

요점 정리의 목적은 핵심 정보를 다른 사람에게 빠르게 전달하는 데 있다. 그런데 빠르게만 전달할 뿐 내용을 제대로 설명할 수 없다면? 그런 면에서 완결성 있는 요점 정리는 다른 사람에게 제대로 전달하는 것까지 포함한다. 정리한 내용과 관련해 누가 물었을 때 "내가 다 정리했으니 읽으면 돼"라고 하는 것보다 차분히 설명하는 것이 필요하다. 아무리 정리한 글이 핵심 정보를 담고 있어도 요약하는 순간 상대방이 맥락을 파악하지 못해 글을 제대로 이해할 수 없을 수도 있어서다.

예를 들어 '삶의 목적은 본질'이란 내용이 있다고 생각해 보자. 이 내용만 가지고는 왜 삶의 목적이 본질인지, 여기서 본질이 의미하는 바는 무엇인지 바로 이해할 수 없다. 물론 이 문장 다음에 사례나 세부 내용이 추가되어 있으면 다행이겠지만 말이다. 하지만 '삶의 목적은 첫째로 본질, 둘째로 관계'라는 식으로 나열되어 있다면 어떨까? 당연히 본질이 무엇인지 궁금하지 않을까? 본질의 사전적 정의를 알아도 이 글에서 말하는 본질은 다른 맥락에서 제시된 내용일 수 있기 때문이다.

또한 말과 글의 흐름 차이에 있다. 우리는 요점을 전달할 때 요약한 내용의 순서대로 전달하지 않는다. 다음처럼 요약돼 있다고 생각해 보자. 세부 내용은 뺐다.

'삶이란 무엇인가?'

① 삶의 목적
- 본질
- 관계
- 스토리

② 실행 전략
- 성찰 시간
- 취미 활동
- 감사 일기

위처럼 요약돼 있을 때 우리는 자연스럽게 위에서 아래로 하나씩 읽는다. 그래서 보통 다음처럼 말한다.

"'삶이란 무엇인가?'를 요약해 봤습니다. 먼저 삶의 목적은 3가지가 있습니다. 먼저 본질은…, 관계는…, 스토리는…입니다. 다음으로 실행 전략입니다. 먼저 성찰 시간은…, 취미 활동은…, 감사 일기는…입니다."

하지만 말은 다르다. 위에서 아래로 바로 내려오지 않는다. 먼저 큰 틀을 설명한다. 위에서 아래로의 수직적 흐름(삶의 목적 → 본질 → 관계 → 스토리)이 아닌 수평적 흐름(삶의 목적 → 실행 전략)이다.

"'삶이란 무엇인가?'를 요약해 봤습니다. 크게 삶의 목적과 실행 전략, 2가지 측면에서 정리했습니다. 삶의 목적에는 3가지가 있는데, 바로 본질, 관계, 스토리입니다. 본질은…, 관계는…, 스토리는…입니다. 다시 한번 정리하면 삶의 목적에 있어 본질, 관계, 스토리가 중요합니다."

이런 식으로 말하면 전체 구조가 더 명확하게 들어온다. 정리한 사항들이 대등한 구조로 잘 정리돼 있는지 확인할 수도 있다. 이는 글의 메시지(Message)를 강조한 다음 세부 내용(Contents)을 설명하고, 다시 메시지(Message)를 강조하는 방법이다. 요점을 상대방이 더 쉽게 이해하게끔 하고 싶다면 이렇게 글의 전체 구조를 언급한 뒤, 세부 내용을 설명하면 좋다.

  다시 말하지만 요점 정리는 글로만 끝나는 것이 아니다. 말로도 잘 전달해야 요점 정리의 달인이라 할 수 있다. 만약 열심히 보고서를 작성하고도 항상 발표에 어려움을 겪어 실력을 제대로 인정받지 못하고 있다면 M-C-M을 기억하자. 그리고 적극 활용해 보자.

30

3가지 근거로 이야기하라

"문제는 크게 3가지 측면에서 볼 수 있습니다. 첫째…, 둘째…, 셋째…. 이 3가지 문제를 해결하기 위해 문제별 3가지 과제를 도출했습니다."

어떤 주장을 할 때 그 근거로 가능한 한 3가지를 말하라고 한다. 이를 '3의 법칙'이라 부른다. 사람들이 가장 빠르고 명확하게 이해할 수 있는 개수가 3개이기 때문이다. 누군가에게 조언을 하는 컨설턴트는 보통 '3의 법칙'을 활용해 문제점, 해결 방안 등을 제시한다.

보고서에서 활용되는 3의 법칙

실제로 EBS 〈지식채널e〉에서는 3의 법칙과 관련해 실험을 한 적이 있다. 한 사람이 건널목에서 하늘을 올려다볼 때 다른 사람들은 이를 이상하게 여긴다. 하지만 3명이 계속해서 텅 빈 하늘을 올려다보면 다른 사람도 보기 시작한다고 한다. 꼭 3명이어야 하는 이유는 3명이 됐을 때 사람들은 하나의 소규모 집단이라는 개념이 만들어지며 다른 사람의 관심을 끌 수 있기 때문이다.

미국 스탠퍼드대학교의 심리학과 교수 필립 짐바르도는 "세 명이 모이면 그때부터 집단이라는 개념이 생긴다"라고 한다. 잡스 또한 스탠퍼드대학교 졸업식에서 "오늘 저는 여러분에게 제 인생에서 일어났던 3가지 이야기를 하고 싶습니다. 별로 대단한 이야기는 아닙니다. 딱 3가지입니다"로 축하 연설을 시작했다.

그만큼 '3'이라는 숫자는 특별하고 실제로 3의 법칙은 보고서에서도 많이 적용되고 있다. 코로나19 사태 이후 새로운 패러다임 변화에 대응하기 위한 〈한국판 뉴딜 종합계획〉을 보면 3가지 관점에서 코로나19에 따른 구조적 변화를 제시한다. 보는 것처럼 디지털 경제, 그린 경제, 양극화 3가지다.

① 비대면 수요가 급증하면서 디지털 경제로의 전환 가속화
② 저탄소 친환경 경제에 대한 요구 증대 → 그린 경제로 전환 촉진

③ 경제 사회 구조 대전환과 노동시장 재편 → 양극화 심화의 요인

실제 한국판 뉴딜의 구조를 보면 3가지 변화 방향에 따라 대표 과제를 분류하고 있다. 각 대표 과제도 많아야 4개다. 디지털 뉴딜 과제는 데이터 댐, 지능형 정부, 스마트 의료 인프라, 디지털·그린 융복합은 그린 스마트 스쿨, 디지털 트윈, 국민 안전 SOC 디지털화, 스마트 그린 산단, 그린 뉴딜은 그린 리모델링, 그린 에너지, 친환경 미래 모빌리티다.

보고서에서는 미래 변화상 또한 디지털 뉴딜과 연계해 '똑똑한 나라', 그린 뉴딜은 '그린 선도 국가', 양극화는 '더 보호받고 더 따뜻한 나라'로 제시한다. 보고서의 배경부터, 미래상, 방향까지 3가지 관점을 유지하고 있다.

한국판 뉴딜이 추구하는 우리 경제사회의 미래 변화상
① D·N·A(Data Network AI) 기반을 바탕으로 혁신과 역동성이 확산되는 디지털 중심지로서, 글로벌 메가 트렌드를 주도하는 '똑똑한 나라'
② 탄소중립(Net-zero)을 향한 경제·사회의 녹색 전환을 통해 사람 환경 성장이 조화를 이루며 국제 사회에 책임을 다하는 '그린 선도 국가'

③ 튼튼한 고용·사회 안전망과 사람에 대한 투자가 국민의 삶과 일자리를 지켜 주고 실패와 좌절에서 다시 일으켜 주는 '더 보호받고 더 따듯한 나라'

그런데 3가지 관점은 명확히 드러나야 한다. 만약 드러나지 않는다면 잠재적 분류라도 돼야 한다. 그렇게 돼 있으면 다른 사람에게 요점을 명확하게 설명할 수 있다. 다음은 앞서 살펴본 〈제4차 산업혁명에 대응한 지능정보사회 중장기 종합대책〉 보고서의 지능 정보 기술로 인한 변화와 관련된 내용이다.

2. 고용 구조의 변화
① 자동화로 대체되는 업무 확대 및 신산업 분야 일자리 발생
- 단순 반복 업무뿐만 아니라 지적 노동, 중급 사무 업무, 정밀한 육체노동까지 자동화되어 고용 구조의 양극화 우려
- 반면 지능 정보 기술 분야 산업 인력 수요는 증가하고 과거 산업혁명 시기와 마찬가지로 기술 혁신에 따른 새로운 직업 창출 예상

② 고부가 가치 창의 직무 중심으로 업무 재편성
- 근로자의 역할은 자동화로 대체되기 어려운 창의적 감성적 업무로 집중되고 해당 인력에 대한 가치가 상승
  - 기계로 대체되기 쉬운 정형적인 지적 노동 및 육체노동에

서 인간과 기계 간 일자리 경쟁이 발생해 업무의 질과 대우가 낮아질 가능성

③ 전통적 평생직장 개념 약화 및 탄력적 고용 확대
- 물류·제조·마케팅 등 기업 기능이 플랫폼을 통해 산업 간 경계 없이 적용되어 고용도 산업 전문성보다 기능 전문성 중심으로 전환 확대
- 단기 고용 형태가 증가하는 가운데 숙련 사무직의 경우에도 거래 계약 또는 프로젝트 기반으로 지식 노동을 제공하는 형태 증가

그런데 이를 설명하려면 앞서 본 것처럼 3개의 문장을 쭉 말해야 한다. 관점이 제시되지 않았기 때문이다. 그래서 말하는 사람이 다음 3개의 문장이 각기 다른 의미를 뜻하고 있다고 알더라도 듣는 사람은 명확하게 고용 구조가 어떻게 변하고 있는지 이해하기 쉽지 않다. 모든 사람이 동일한 지식 수준을 가지고 있지 않아서다.

그런데 다음처럼 일자리 양, 일자리 질, 고용 형태라는 3가지 관점이 제시돼 있다면 어떨까? 더 명확하게 설명이 가능하지 않을까? 듣는 사람도 고용 구조가 어떻게 변하는지 바로 알 수 있지 않을까?

2. 고용 구조의 변화(2)

① 일자리 양: 자동화로 대체되는 업무 확대(2-1) 및 신산업 분야 일자리 발생(2-2)
- 단순 반복 업무뿐만 아니라 지적 노동, 중급 사무 업무, 정밀한 육체노동까지 자동화돼 고용 구조의 양극화 우려(2-1-1)
- 반면 지능 정보 기술 분야 산업 인력 수요는 증가하고 과거 산업혁명 시기와 마찬가지로 기술 혁신에 따른 새로운 직업 창출 예상(2-2-1)

  *2020년까지 로봇 관련 산업에 240~430만의 추가 고용 창출 전망(IFR, '13)(2-2-1-1)

② 일자리 질: 고부가가치 창의 직무 중심으로 업무 재편성
- 근로자의 역할은 자동화로 대체되기 어려운 창의적 감성적 업무로 집중되고 해당 인력에 대한 가치가 상승
  - 기계로 대체되기 쉬운 정형적인 지적 노동 및 육체노동에서 인간과 기계 간 일자리 경쟁이 발생해 업무의 질과 대우가 낮아질 가능성

③ 고용 형태: 전통적 평생 직장 개념 약화 및 탄력적 고용 확대
- 물류·제조·마케팅 등 기업 기능이 플랫폼을 통해 산업간 경계 없이 적용되어 고용도 산업 전문성보다 기능 전문성 중심으로 전환 확대
- 단기 고용 형태가 증가하는 가운데 숙련 사무직의 경우에도

거래 계약 또는 프로젝트 기반으로 지식 노동을 제공하는 형태 증가
- 공유경제, O2O 서비스, 대중 노동(crowd work) 등 플랫폼 기반의 서비스 발전으로 플랫폼 종사자 등 비정형적 고용이 지속 확대

지능 정보 사회 도래에 따른 고용 구조 변화를 말한다면 어떻게 말할 수 있을까? 일자리 양과 관련해서 다음과 같이 보고할 수 있다. 논리 구조 측면에서 위 내용과 아래 내용을 비교해 보면 어떤 식으로 요점을 전달하는지 파악하기 쉽다.

AI, 빅 데이터 등 디지털 신기술의 등장과 확산에 따라 지능 정보 사회가 도래하고 있습니다. 지능 정보 사회는 일자리 양, 일자리 질, 고용 형태 측면에서 고용 구조가 변화 중입니다(2). 첫 번째 일자리 양 측면에서 본다면 자동화로 대체되는 업무는 확대되는 반면(2-1), 신산업 분야 일자리는 새롭게 창출되고 있습니다(2-2). 자동화의 경우, 단순 반복 업무부터 중급 사무 업무까지 자동화되고 있어 고용 구조의 양극화가 우려됩니다(2-1-1). 하지만 기술 혁신에 따른 새로운 직업도 창출되고 있습니다(2-2-1). 예를 들어 로봇 관련 산업에서는 2020년까지 최대 430만의 추가 고용이 창출될 것으로 전망됩니다(2-2-1-1).'

이처럼 개별적으로 흩어져 있는 내용을 관점으로 설정해 하나의 덩어리로 묶으면 논리 구조 파악뿐만 아니라 요점 전달도 쉽다. 위 내용 중 고용 형태와 관련된 요점도 일자리의 양처럼 논리 구조를 파악해 발표 내용을 작성해 보자.

31

피라미드 구조로 메시지를 전달하라

피라미드 구조는 무엇일까? 이집트 피라미드의 특징을 생각해 보자. 아래로 갈수록 폭이 넓어지고 위로 갈수록 좁아진다. 피라미드 구조 논리 또한 마찬가지다. 위로 갈수록 추상적이고 핵심 메시지만 남는다. 아래로 가면 어떨까? 핵심 메시지를 뒷받침하는 구체적인 사례나 근거가 제시된다. 그래서 위는 좁아지고 아래는 넓어지는 피라미드 형태가 만들어진다.

피라미드 논리 구조에는 어떤 항목이 있을까? 주장, 이유, 근거, 사례. 여기에 관점이 들어가 주장 - (관점) - 이유 - 근거 - 사례의 구조를 띠기도 한다. 피라미드 구조로 보면 제일 위에는 주장, 그 밑에는 주장을 뒷받침하기 위한 관점별 이유, 이유를 설명하기 위한 구체적인 근거(사실)와 사례가 있다. 주장은 하나의 메시지를 전달해야 한다. 다수의 메시지를 전달할 경우 전달력이 떨어진다. 이유는 구체적인 근거와 사례를 바탕으로 자신만의 관점 기반으로 한 주관적 판단이다. 근거와 사례는 팩트다.

관점으로 읽고 관점으로 쓴다

'수평적 조직 문화를 구축해야 한다'라는 주장을 생각해 보자. 관점은 조직, 개인 관점에서 볼 수도 있고, 리더십, 협업 및 소통, 업무 프로세스 등으로 볼 수 있다. 조직과 개인 관점에서 보면 신제품 개발 및 신사업 발굴 촉진(조직), 자율적 업무 수행을 통한 업무 몰입도 향상(개인)으로 이유를 제시할 수 있다.

조직 관점의 근거와 사례로는 애니메이션 스튜디오 픽사의 '브레인트러스트' 미팅이 있다. 브레인트러스트는 회의 진행자 없이 작품 성공을 위해 누구나 평등한 위치에서 자신의 아이디어를 내는 아이디어 회의로 "그거 좋네요, 그리고…(Yes, and)" 형태의 더하기 화법을 활용한다. 이 미팅을 통해 〈토이 스토리〉, 〈인사이드 아웃〉 등의 창의적인 애니메이션이 탄생했다.

개인 관점에서는 구글이 20퍼센트 타임제(일과 관계없이 근무시간의 20퍼센트를 자신의 관심 분야 연구나 프로젝트 수행에 할애할 수 있게 허용하는 제도)가 있다. 이를 통해 구글은 구글

뉴스, 애드센스 등의 혁신 서비스를 개발했다.

실제 보고서에서는 피라미드 구조가 어떻게 적용되는지 보자. 지능 정보 기술로 인한 산업 구조 변화 내용이다. "데이터·지식이 산업의 새로운 경쟁 원천으로 부각되고 있다(①)"는 문장이 주장이다. ②는 이유, ③은 근거, ④는 사례다.

1. (경쟁 원천) 데이터·지식이 산업의 새로운 경쟁 원천으로 부각(①)
   - 지능 정보 기술은 대규모 데이터에 대한 자가 학습을 통해 지속적으로 알고리즘 성능을 강화하므로 데이터와 지식이 산업의 주요 경쟁 원천(②)
   - 스스로 데이터를 확보할 수 있는 생태계를 구축하고 이를 활용할 수 있는 알고리즘을 보유한 기업이 시장을 주도하고 많은 이윤 창출(③)

   *2016년 8월 기준 전 세계 시가 총액 10대 기업 중 ICT 기업이 7개(애플, 구글, MS, 아마존, 페이스북, GE, 차이나모바일)로 이들 기업 모두 지능 정보 기술에 적극 투자 중(④)
   - 대규모 시설·인력의 중요성은 상대적으로 감소하고 소비자 맞춤형 제품·서비스 제공 등의 시장 대응이 중요해져 제조 기반이 선진국 시장으로 다시 이동하는 리쇼어링(Re-

shoring) 발생(③)

*(사례) 아디다스는 자동화 로봇의 도입을 통해 아시아 지역의 생산 시설을 독일·미국으로 리쇼어링해 운동화 생산 기간을 일주일에서 5시간으로 단축

그러면 관점은 어디에 있을까? 동그라미 글머리표가 하나이기 때문에 (-)에 관점이 들어가 있다. ①을 보면 데이터와 지식이라는 2가지 관점으로 설명하고 있다. 이 관점에 따라 첫 번째 (-)는 데이터, 두 번째 (-)는 지식 관련 내용을 제시한다. 즉 데이터 관점에서는 데이터 확보 생태계 구축 및 활용 가능한 기업 → 시장 주도 및 많은 이윤 창출, 지식 관점에서는 시설·인력＜지식(맞춤형 제품·서비스)으로 이유를 뒷받침하고 있다.

다음은 〈스마트 공장 '양보다 질'이 중요〉라는 사설이다. 이 사설 내용을 주장, 관점, 이유, 근거로 분석해 보자. 이미 사설 제목에 주장이 제시되어 있으니 이를 뒷받침하는 관점별 이유와 근거를 찾으면 된다.

〈스마트 공장 '양보다 질'이 중요〉

정부가 '중소기업 스마트 제조 혁신 전략'을 발표했다. 스마트 공장 3만 개를 보급하겠다는 것이 핵심 내용이다. 대통령이 직접 비전 선포식에 참석해 힘을 실어 줬다. 중국 '제조업 굴기'에

무너지는 제조업을 되살리겠다는 의지가 반영됐다.

한국 경제에서 제조업 비중은 부가 가치 기준으로 30퍼센트에 이른다. 어느 산업보다 높다. 제조업이 무너지면 한국 경제도 몰락할 수밖에 없다. 스마트 제조 혁신 전략이 다소 늦은 감은 있지만 정부가 지금이라도 의지를 갖고 밀어붙이겠다는 것은 환영할 일이다. 독일, 미국, 일본 등 전통 제조 강국도 근래 '스마트 제조 혁신 전략'을 추진하면서 부활하고 있다.

스마트 제조 혁신 전략이 성과를 거두려면 몇 가지 고려해야 할 것이 있다. 정책이 양보다 질에 맞춰져야 한다. '스마트 공장 3만 개'라는 수치에 연연해서는 안 된다는 이야기다. 제조업 일선 현장은 아직 '스마트 공장'이라는 개념 자체가 생소하다. 중소 제조업체 70퍼센트 이상은 스마트 공장은커녕 공장 자동화(FA) 시스템도 갖추지 못했다. 여기에 빅 데이터, 인공 지능(AI), 네트워크, 로봇 등 복합 정보 통신 기술(ICT)이 접목된 스마트 공장으로 탈바꿈하라는 것은 허황된 이야기로 들릴 수 있다. 특히 정부가 지원하는 스마트 공장 전환 보조금은 수천만 원에 불과하다. 현장에서는 FA 소프트웨어(SW) 구매조차 빠듯한 금액이라고 하소연한다. 실제 이 보조금으로 진정한 스마트 공장으로 전환하는 기업은 찾아보기 어렵다. 기껏해야 일부 공정에 자동화 시스템을 도입한 정도다. 이 때문에 '스마트 공장 3만 개 보급'이라는 목표가 수치 놀음에 불과할 수 있다는 우려도 나온다.

정부 예산을 무한정 늘릴 수는 없는 노릇이다. 재원은 어떻게 확보할 것인가, 업종별 스마트 공장 전환은 어떤 단계를 밟아서 갈 것인가. 더욱 치밀한 장기 비전이 필요하다. 당장 재원 문제도 정부 예산으로 부족하면 반도체나 디스플레이 산업처럼 '스마트 공장 육성 펀드'를 만드는 것까지 고려할 수 있다. 스마트 제조 혁신 전략이 외화내빈으로 그치면 우리 제조업은 되살아날 기회를 잃을 수 있다. 정부가 양보다 실효성에 방점을 찍고 정책을 추진해 주길 바란다.

〈스마트 공장 '양보다 질'이 중요〉의 피라미드 구조
- 주장: 정책이 양보다 질에 맞춰야 한다.
- 관점: 현장 수준 측면, 정책 개발 측면
- 이유:
  - 현장 수준 측면: 제조업 일선 현장은 아직 '스마트 공장'이라는 개념 자체가 생소하다.
  - 정책 개발 측면: 정부가 지원하는 스마트 공장 전환 보조금은 수천만 원에 불과하다.
- 근거:
  - 현장 수준 측면: 중소 제조 업체 70퍼센트 이상은 스마트 공장은커녕 공장 자동화(FA) 시스템도 갖추지 못했다.

- 정책 개발 측면: 현장에서는 FA 소프트웨어(SW) 구매조차 빠듯한 금액이라고 하소연한다. 진정한 '스마트 공장'으로 전환하는 기업은 찾아보기 어렵다.

32

상황, 문제점, 해결 방안 3가지로 표현하라

3장에서 S-P-S 프레임을 글의 패턴 측면에서 설명했다. 이번에는 요점 전달 관점에서 보자. 다음은 정부의 〈대한민국 디지털 전략〉 보고서 재구성 내용이다. ①부터 ③까지 목차만 봤을 때 스토리가 보이는가? 만약 보인다면 상황, 문제점, 해결 방안의 스토리 구조를 이해한 것이다.

① 우리나라 디지털 정책 추진 경과
  한국의 디지털 정책은 정보화/인터넷, 모바일/방통 융합 등의 패러다임 전환기를 거쳐 디지털 심화라는 새로운 패러다임에 직면

② 디지털 전환을 준비하는 우리의 현 주소

경쟁력: 지속 강화해 가고 있지만 선도국과는 여전한 차이

기반: 기술·인재 등 디지털 혁신을 뒷받침할 핵심 기반 조기 확충이 시급

융합·활용: 산업·지역 등 활용이 미흡하고 새로운 차원의 규제 혁신 틀 마련 필요

③ 비전 및 목표

비전: "국민과 함께 세계 모범이 되는 디지털 강국 대한민국"

목표: "다시 도약하고", "함께 잘 사는", "디지털·경제 사회" 구현

과제: 세계 최고의 디지털 역량, 확장하는 디지털 경제, 포용하는 디지털 사회, 함께하는 디지털 플랫폼 정부, 혁신하는 디지털 문화

①은 디지털 환경 변화에 따라 한국의 디지털 정책도 정보화/인터넷, 모바일/방통 융합, 디지털 심화라는 상황을 제시하고 있다. ②는 우리의 이런 정책 대응에도 여전히 디지털 경쟁력과 기반, 디지털 융합 및 활용 측면에서 문제점이 존재해 개선이 필요하다고 말한다. 마지막 ③은 이런 상황을 극복하기 위해 총 5개의 핵심 추진 과제와 이를 통해 달성할 수 있는 비전과 목표를 제시하고 있다. 정리하면 ①은 상황, ②는 문제점, ③은 해결 방

안의 스토리다. 이 내용을 누군가에게 보고한다면 어떻게 말할 수 있을까?

① 한국은 과거 정보화/인터넷 시대부터 현재 디지털 심화까지 새로운 패러다임 변화에 대응해 지속적으로 디지털 정책을 고도화시켜 왔습니다. ② 하지만 이런 정책 대응에도 한국은 여전히 디지털 경쟁력, 디지털 혁신 기반, 디지털 융합 및 활용 측면에서 여전히 문제점이 존재합니다. 디지털 경쟁력은 선도국과의 차이가 여전하며, 기술과 인재 등의 디지털 혁신 기반은 부족하며, 산업과 지역 측면에서의 디지털 활용 또한 취약한 상황입니다. ③ 이를 위해 "국민과 함께 세계의 모범이 되는 디지털 강국 대한민국"이라는 비전 아래 세계 최고의 디지털 역량, 확장하는 디지털 경제, 포용하는 디지털 사회, 함께하는 디지털 플랫폼 정부, 혁신하는 디지털 문화라는 핵심 과제 추진이 필요합니다.

이번에는 조금 더 직관적으로 구성된 내용을 보자. 정부의 〈첨단산업 클러스터 맞춤형 지원 방안〉의 용인·평택 반도체 첨단 특화 단지 내용이다. 보이는 것처럼 현황, 지원 방안, 기대 효과의 구조다. 현황에 이미 문제점을 포함하고 있고 지원 방안 외에 기대 효과가 추가돼 있다. 상황, 문제점, 해결 방안의 스토리는 현황과 문제점, 해결 방향, 해결 방안(추진 과제)의 구조로 구성되기도 한다.

- 현황: 현재 평택 지역은 대규모 개발에 따른 교통 정체로 근로 여건이 열악하고 신규 산단·공장 증설 추진에 애로
- 지원 방안: 향후 대규모 투자로 교통량 확대가 예상되는 수도권 남부 산업단지 진입 관련 교통망 개선 추진
- 기대 효과: 교통량 집중 문제 해소를 통해 근로 여건 개선 및 원활한 공장 증설 추진 가능 애로 해소

현황과 문제점을 보면 교통 정체가 이슈이고, 이를 위해 교통망 개선 추진이라는 해결책을 제시하고 있다. 이 해결책을 통해 근로 여건 개선과 원활한 공장 증설 추진이라는 기대 효과를 얻을 수 있다고 말한다. 문제 - 해결 방안의 구조는 문제가 2개라면 그에 대응하는 방안도 2개라는 일대일 매칭을 기본으로 한다. 그래서 해결 방안을 실행하면 문제 또한 사라지는지에 대한 논리적 검토가 필요하다.

상황, 문제점, 해결 방안을 구조를 조금 더 간결하게 접근한다면 어떻게 할 수 있을까? 다음처럼 현재 상황과 향후 방향으로 이야기할 수도 있다. 현재 상황에 문제점이 이미 담겨 있고 향후 방향에도 해결 방향이나 방안이 담긴 구조다.

2025년 주요 업무 추진 계획

- 청년 AS-IS
  - '쉬었음' 청년 40만 명 대
  - 직무 경험 없이 취업 준비
  - 여전한 일자리 미스 매치(빈 일자리율 0.9퍼센트, 빈 일자리 수 16.6만 개)
- 청년 TO-BE
  - 청년이 원하는 일자리를 찾도록 체계적으로 지원합니다.

  *24년 1조 924억 원, 20만 명 → 25년 1조 2,046억 원, 31만 명

  ① '쉬었음' 청년 5만 명 발굴 후 1 대 1 취업 상담, 구직 의욕 고취를 위한 심리 지원(1만 2,000명) 등 연계

  ② 일 경험 5만 8,000명

  ③ 빈일자리 취업 지원 5만 8,000명

  ④ 첨단 분야 훈련 4만 5,000명 등

- 일하는 부모 AS-IS
  - 육아 시간 부족, 소득 감소 부담
  - 눈치 보고 제도를 쓰지 못하는 직장 분위기 문화
- 일하는 부모 TO-BE
  - 부모가 일하면서 출산, 육아를 함께할 수 있는 문화가 조성됩니다.

*24년 2조 5,738억 원, 25.7만 명→25년 4조 225억 원, 33.5만 명

① 임신 4만 6,000명

② 출산 9만 1,000명

③ 육아 19만 8,000명 지원

- 중장년 AS-IS

  - 2차 베이비부머 세대 중 164만 명, 충분한 준비 없이 은퇴

- 중장년 TO-BE

  - 은퇴 뒤 계속 일할 수 있는 여건을 만들어 가겠습니다.

  *24년 1,319억 원, 16만 9,000명 → 25년 1,544억 원, 20만 명

  ① 경력 설계 7만 명

  ② 직업 훈련 13만 명

  ③ 계속 고용 사회적 대화

간단히 살펴보면 청년들은 직무 경험 없이 취업 준비를 하고 있다(현재 상황). 이 상황을 해결하기 위해 1 대 1 취업 상담과 심리 지원을 하겠다(향후 과제)는 내용이다. 그러면 청년이 원하는 일자리를 찾을 수 있도록 체계적으로 지원하는 환경이 만들어진다(미래 모습).

요점만 전달한다면 어떻게 말할 수 있을까? 다음처럼 현재 상황, 향후 방향, 세부 과제 형태로 전달이 가능하다.

- 현재 상황: 현재 '쉬었음' 청년이 40만 명대에 이른다. 이 청년들인 직무 경험 없이 취업을 준비하고 있다. 그뿐만 아니라 일자리 미스 매치는 여전하다. 빈 일자리율은 0.9퍼센트로 빈 일자리 수는 16만 6,000개에 달한다.
- 향후 방향: 이런 상황을 극복하기 위해 청년이 원하는 일자리를 찾을 수 있도록 체계적으로 지원하는 환경 구축이 필요하다.
- 세부 과제: '쉬었음' 청년에 대한 일대일 취업 상담과 심리 지원(1만 2,000명), 일 경험(5만 8,000명), 빈 일자리 취업 지원(5만 8,000명), 첨단분야 훈련(4만 5,000명) 지원을 추진할 예정이다.

33

설득력을 높이려면
반전 스토리를 활용하라

"사람들은 가장 진전된 전화기를 '스마트폰'이라고 부릅니다. 하지만 문제는 이 스마트폰이 그다지 똑똑하지 않으며, 사용하기도 쉽지 않다는 겁니다. (…) 우리는 지금까지 나온 어떤 휴대용 기기보다 훨씬 똑똑하면서 사용하기 쉬운 진일보한 제품을 만들고 싶었습니다. 아이폰이 바로 그런 제품입니다."

잡스는 2007년 아이폰을 위와 같이 소개했다. 아이폰이 기존의 스마트폰과 다르다는 점이 뇌리에 깊숙이 박히지 않는가? 그렇게 만든 핵심 단어는 무엇일까? 바로 '하지만'이다. 기존에 사람들이 생각하고 있던 스마트폰에 대한 생각을 뒤집기 위해 '하지만'을 써서 아이폰을 부각시켰다. '하지만'이 들어간 문장을 뺀다면 어떨까? 아이폰이 기존 스마트폰 대비 어떤 차별성이 있는지 와닿지 않는다.

또한 '스마트폰=조금 더 진화된 아이폰'이란 느낌만 든다. 하지만 잡스는 반전 문장을 삽입해 '아이폰≠기존 스마트폰'이라는 점을 강조했다. 이렇게 예상치 못한 반전을 활용한 스토리는 사실 많이 활용된다.

영화의 시작은 대부분 평화롭다. 그런데 갑작스레 이 평화로움에 찬물을 끼얹는 악당이 등장하고 평화로웠던 마을은 혼란에 빠진다. 하지만 이내 영웅이 등장해 악당을 물리치고 마을은 다시 평화로워진다. 긴장감을 고조시키기 위한 영화의 이런 스토리는 반전 효과의 극대화다.

감성을 건드리는 반전 기법

이런 반전 효과는 커뮤니케이션 전문가 카민 캘로가 "문제를 해결하려고 노력한 고난을 중심으로 이야기를 진행해 정서적 경험을 제공하라"고 말한 것과 같은 맥락이다. '하지만'이란 단어는 논리에 감성을 더해 공감대를 형성하고 주장하고자 하는 내용에 대한 몰입도를 높인다.

이를 기업의 문제 해결에 역으로 적용해도 마찬가지다.

"현재 우리는 어떤 문제에 처해 있다. 하지만 기회는 존재한다. 이 과제를 실행하면 문제를 해결하고 오히려 한 단계 도약할 수 있는 기반을 마련할 수 있다."

프레젠테이션 전문가로 유명한 낸시 두아르테도 《Resonate 공감으로 소통하라》라는 책에서 영화 스토리를 분석해 현실과 이상을 오가는 대비를 강조했다. 대비는 2가지의 차이를 밝히기 위해 서로 맞대어 비교한다는 의미다. 이런 대비는 강조 대상을 다른 상황 또는 관점으로 나란히 배치해 부각한다. 이런 상반된 관점을 만드는 요소에는 어떤 것이 있을까?

다음의 표처럼 과거 또는 현재, 미래, 고통과 이득 등이 있다. 이런 대비 요소를 활용하면 전달하고 싶은 요점을 더 부각해 상대방을 쉽게 설득할 수 있다. 다음과 같이 활용된다.

"과거에는 기업 문화가 수직적이었다. 하지만 지금은 사회적 가치의 변화로 수평적 문화 조성이 중요해졌다."

"지금까지는 외부 환경의 변화가 크지 않아 지속 성장이 가능했다. 하지만 미래는 기술과 산업의 수명 주기가 가속화되면서 성장의 한계에 봉착할 수 있다."

"지금까지 이 병은 완치가 어려웠습니다. 하지만 인공지능 등 새로운 의료 기술의 등장으로 완치가 가능해졌습니다."

현실	이상	현실	이상
다른 관점	당신의 관점	불가능	가능
과거/현재	미래	필요	넉넉함
고통	이득	불리함	유리함(기회)
문제	해결책	정보	통찰력
장애물	뻥 뚫린 길	평범한	특별한
저항	행동	질문	답변

대비의 요소

반전 효과는 상대방을 설득하는 제안서에서 가장 많이 활용된다. 다음은 기관에 실제 제안한 사항으로, 디지털화를 통한 선제적 시설물 유지 및 성능 관리의 필요성을 주장하고 있다. 전체 흐름과 함께 '하지만'이 어떤 역할을 하고 있는지 보자. '하지만'이 들어간 ④를 통해 스토리가 반전되고 있다. 지금까지 잘해 왔지만 여전히 선진국과의 기술 수준 격차가 존재한다는 것을 강조한다.

스토리 ① 시설물 유지 관리는 첨단 기술의 발달과 수요자의 빠른 응답 요구에 따라 민첩성과 데이터 기반 플랫폼화가 요구되고 있음

스토리 ② 실제로 시설 안전 산업은 IoT, 빅 데이터, AI, 드론 등

첨단 기술의 도입에 따라 빠르게 디지털화가 진행되고 있는 상황임

스토리 ③ 기관 또한 첨단기술 도입을 통해 사업 추진 중이며, 시설 안전 빅 데이터 플랫폼을 구축, 사고 발생 위험성을 예측하는 AI 기반 사고 예측 서비스를 시범 운영 중임

스토리 ④ 하지만 국내 안전·유지 관리 기술은 선진국에 비해 낮은 수준이며, 시설물 안전 관리 관련 정부의 R&D 투자 규모도 감소하고 있음

스토리 ⑤ 스마트 건설 기술은 5년 이내 활성화될 것으로 전망되고 있으나 국내 건설 기업은 규모에 따른 스마트 기술 활용 수준의 격차는 큰 상황임

반전 스토리는 기본적으로 상황 → 문제점 → 해결 방안의 스토리가 기반이 된다. 위의 시설물 유지 및 성능 관리 제안도 큰 틀에서 보면 동일한 구조다. 다만 '하지만'을 통해 반전을 극대화했을 뿐이다. 이 스토리에는 앞서 이야기한 관점 기반 요점 전달, 주장-이유-근거-사례 기반 피라미드 구조 전달에도 활용된다.

스토리 ①과 ②가 기관의 외부 환경 관점이라면, ③은 내부 역량 관점이다. ①, ②, ③의 메시지는 피라미드 구조를 띤다. 스토리 ④와 ⑤도 마찬가지다. 스토리 ④는 국가 관점, ⑤는 기업 관점으로 볼 수 있다.

다음은 배달 플랫폼의 신사업 전략 스토리다. 이 스토리를 보면서 반전 활용 스토리를 생각해 보자. ①~⑦ 문장을 만약 여러분이라면 어떻게 바꿀 것인가? 어디서 반전 효과를 만들어 낼 것인가?

① 배달 시장은 성숙기에 접어들었으며, 기존 수익 모델 중심의 성장은 한계에 도달하고 있습니다.
② 특히 플랫폼 간 가격 경쟁과 광고 의존도 심화로 수익성 저하와 차별화의 어려움이 가시화되고 있습니다.
③ 이에 따라 '사용자 경험 강화' 및 '서비스 영역 확장'을 통한 비즈니스 전환이 필요합니다.
④ 우리는 소비자·파트너·지역사회와의 관계를 재정의하며 '생활 밀착형 플랫폼'으로 진화하려 합니다.
⑤~⑦ 첫 번째 전략은 '라스트마일 커머스 확대'로…. 두 번째는 '로컬 이코노미 허브화'로…. 세 번째는 '구독·멤버십 기반 수익 모델 강화'로….

스스로 작성해 보자. 문장을 새롭게 써도 상관없다. 반전 효과를 활용해 배달 플랫폼의 신사업 전략을 제시만 하면 된다.

고민해 봤는가? 위의 스토리를 보면 ①과 ②는 현황과 문제점,

③과 ④는 개선 방향, ⑤부터 ⑦은 개선 방안의 구조다.

이런 스토리 구조를 다음과 같이 바꿔 보면 어떨까? 아래 스토리 또한 ①과 ②는 현황과 문제점이다. 그런데 앞의 문장과 조금 다르지 않은가? 앞의 ①은 부정과 부정의 문장 구조다. "배달 시장은 성숙기", "기존 수익 모델 중심의 성장은 한계"를 이야기하고 있다.

하지만 아래 ①은 유사해 보이지만 긍정과 부정의 구조다. "폭발적 성장"은 긍정, "포화와 경쟁"은 부정이다. ② 또한 마찬가지다. "그러나"를 활용해 문장 내에서 반전 효과를 제시하고 있다. 그러면 큰 틀에서의 반전 효과는 어디에 있을까? 바로 ③에 있다. "그러나"를 통해 위기이긴 하지만 새로운 이 위기 속에서 우리는 새로운 기회를 볼 수 있다는 점을 강조하고 있다. 그리고 ③과 ④는 개선 방향, ⑤는 개선 방안의 구조다.

① 한때 폭발적 성장을 구가하던 배달 플랫폼 시장, 이제는 포화와 경쟁으로 그 빛을 잃어 가고 있습니다.

② 광고 단가 인하, 쿠폰 경쟁, 점주와의 갈등까지… 매출은 유지되지만, 수익성은 점점 나빠지고 있습니다.

③ 그러나 우리는 위기를 기회로 보는 눈을 가졌습니다. 배달은 단지 시작이었을 뿐, '생활 플랫폼'이라는 더 큰 무대가 우리 앞에 펼쳐져 있습니다.

④ 고객은 이제 '식사'가 아니라 '삶 전체'를 더 편리하게 만들 플랫폼을 원하고 있습니다.

⑤ 우리는 '라스트마일 커머스', '로컬 이코노미', '구독 기반 멤버십'이라는 3가지 축으로 신사업 엔진의 재정비가 필요합니다.

이처럼 똑같은 내용이더라도 문장 내 구조나 전체 스토리 구조를 살짝만 바꾸면 사람들에게 설득력 있는 메시지를 전달할 수 있는 스토리가 만들어진다. 요점 전달을 관점별로 전달하는 것도 중요하지만 평이하게 전달하기보다 '하지만'을 통해 상대방에게 공감을 불러일으킬 수 있도록 해 보자. 전달의 첫 시작은 상대방이 이해할 수 있는 내용으로 쉽게, 때로는 가볍게 시작하지만, '하지만'을 통해 상대방이 가지고 있던 기존 생각을 깨고 나의 세상으로 들어올 수 있게 해 보자.

34
표현력을 기르는 최고의 방법, 독서

요점만 담아 내용을 요약해 상대에게 효과적으로 전달하기 위한 근본적인 방법은 독서다. 지식이 없으면 내용을 이해하는 데 시간이 걸리고 요점 파악에는 더 많은 시간이 걸린다. 사람들은 요점 정리를 잘하기 위해 글의 구조를 파악하는 데 주력한다. 그런데 그것은 기술에 가깝다. 근본은 독서다. 내용 이해가 선행되어야 한다. 구조 파악으로는 축약만 가능하다. 자신의 관점을 바탕으로 하는 요점 정리는 여전히 힘들다. 독서를 통해 독해 능력을 향상시켜야 한다.

"텍스트를 발췌 요약하려면 먼저 독해력을 갖추어야 한다."

유시민의 말이다. 이 독해력은 내용, 맥락 이해뿐만 아니라 작가에 대한 이해도 포함된다.

어떻게 책을 읽어야 할까?

요점 파악을 잘하기 위해서는 어떤 독서를 해야 할까? 독서법에는 크게 남독(濫讀)과 정독(精讀)이 있다. 남독은 다양한 책을 읽는 것이다. 당나라 시인 두보는 '사람은 많은 책을 읽어야 한다'는 뜻에서 "남아수독오거서(男兒須讀五車書)"라고 했다. 반면 다산 정약용은 정독을 강조했다. 양보다 질을 중시했다. 아무렇게나 많은 책을 읽는 것은 읽지 않은 것과 다를 것이 없다고 이야기했다.

"책을 아무 생각 없이 그저 읽기만 하면 하루에 백 번 천 번을 읽는다고 해도 읽지 않은 것과 마찬가지다. 독서할 때마다 한 글자라도 명의(名義)를 분명하게 알지 못하는 곳이 있으면 모름지기 널리 고찰하고 자세히 연구해서 그 근원을 알아내야 한다. 이어서 편차해 책을 만드는 것을 일상적인 일로 삼아야 한다. 그렇게 하면 한 종류의 책을 읽을 적에 아울러 수백 가지의 책을 널리 상고하게 되고, 따라서 본서(本書)의 의미를 분명히 꿰뚫을 수 있으니, 이 점을 몰라서는 안 된다."

즐기기 위한 독서라면 남독을 해도 큰 문제는 없다. 그런데 실용적인 독서라면 어떨까? 책의 내용을 깊이 이해하고 이를 활용하기 위한 독서라면 정독이 필요하다. 나는 남독도 하지만 지식을 습득하기 위해서 정독을 한다.

예를 들어 심리학을 공부하고 싶다면 다양한 심리 실험이 나오면서 이해하기 쉬운 책을 본다. 심리학 관련 다양한 입문 서적을 읽다 보면 심리학에 얼마나 다양한 분야가 있는지를 알게 된다. 또한 이 책들에 나온 참고 문헌을 보면서 관련 서적이나 논문을 찾아 읽기도 한다.

이런 독서를 통해 심리학이 어떤 학문인지 알수 있을 때쯤이면 조금 더 깊이 있는 책들을 본다. 바로 대학 교재로 활용되는 심리학 입문서다. 주로 '심리학의 이해'라는 제목을 달고 있는 책들을 보며 심리학의 뼈대를 이해하려 한다. 이때부터는 진짜 기본 개념 파악에 중점을 둔다. 개념을 이해하고 그 개념이 실생활에 어떻게 적용될 수 있는지를 고민한다. 실생활에 적용하면 개념 이해가 쉽고 앞서 본 심리 실험도 다시 생각해 볼 수 있어서다. 여기까지만 해도 심리학에 대해 일반 사람보다 조금 더 깊이 아는 수준에 도달한다.

여기서 더 나아가고 싶다면 어떻게 해야 할까? 분야를 좁히거나 관심 있는 특정 주제에 집중한다. 심리학은 성격 심리학, 상담 심리학, 발달 심리학, 긍정 심리학 등 다양한 분야가 있다. 이 중

가장 관심 있는 분야를 집중적으로 파고든다. 이렇게 하나씩 세부 분야를 파고들다 보면 각 분야가 어떻게 연결되는지를 알 수 있고 심리학을 큰 틀에서 볼 수도 있다. 이때부터는 학습 속도가 빨라져 심리학 관련 국내외 논문도 볼 수 있다. 이렇게 반복하다 보면 자연스레 관심 분야가 넓어지고, 지식의 스펙트럼도 확장된다.

정약용 또한 깊이 있는 독서를 통해 근원을 알아야 한다고 했다. 정독은 한 권의 책으로 끝나는 게 아니라 그 책에 나온 내용의 근원을 파악하다 보면 한 권이 아닌 수십 권의 책을 읽게 되는 효과를 가진다. 책을 읽을 때 각주나 참고 문헌을 보지 않는 경우가 많다. 그런데 깊이 있는 이해를 위해서는 꼭 참고 문헌을 훑어 봐야 한다. 각주 또한 마찬가지다. 작가가 각주를 삽입한 이유는 말하고 싶은 내용이 더 있지만 책의 흐름상 말하기 어려워서다. 각주의 내용이 본문 내용보다 중요하지 않다는 의미는 아니다. 이런 식의 정독은 나의 지식 수준을 높이고 남들과 다른 눈을 가질 수 있게 해 준다.

앞서 말한 것처럼 나는 보통 한 분야를 이해하기 위해 관련 서적을 20권 정도 읽는다. 관련 논문들도 메모해 뒀다가 수시로 본다. 읽은 책들은 대부분 이런 논문의 내용을 작가의 관점에 따라 축약되거나 인용되기 때문이다. 특히 논문 연구 결과의 맥락과

의미 파악을 위해서는 원문을 보기를 권한다. 시간이 다소 걸리지만 이 방법은 요점 정리할 때 글의 맥락을 파악하는 데 큰 도움이 된다. 겉만 훑으면 깊이가 떨어져 요점 파악이 어렵다.

한 분야를 정복하면 또 다른 관심 분야를 찾아 책을 읽으면 된다. 그러다 보면 지식이 축적되면서 자연스럽게 책 읽는 속도도 빨라진다. 즉 지식의 깊이와 폭 모두 확장되면서 요점 정리 능력도 쌓인다. 그리고 어느 순간, 문서를 천천히 넘겨만 봐도 요점이 뭔지 알 수 있는 달인의 경지까지 오른다.

깊이와 폭을 모두 잡고 싶으면 추가로 기존에 알고 있는 다른 분야와 연결해 생각해 보면 좋다. 예를 들어 심리학에 프레임 관련 개념이 있으면 다른 분야에서는 이 프레임이란 개념이 어떻게 활용되고 있는지를 생각해 본다. 비즈니스 분야에서는 프레임은 분석의 틀로 활용된다. 또 관점과 유사한 의미로 활용이 되어 내가 어떤 프레임으로 사업을 보느냐에 따라 업의 본질이 달라진다. 이 프레임은 또 행동 경제학과도 관련이 있다. 이득이나 손실 프레임이란 말이 행동경제학에도 사용되기 때문이다. 이뿐인가? 정치 관련해서는 좌파, 우파도 있지 않은가? 이렇게 한 분야에서 배운 지식을 다른 분야와 계속 연결하다 보면 지식은 무한대로 확장되고 학습 속도는 기하급수적으로 빨라진다. 다양한 지식을 하나의 관점으로 꿸 수 있기 때문이다.

이런 독서는 우리 머릿속에 생각의 지도를 만들어 준다. 그래서 심리학이란 단어를 말하면 심리학의 구조가 머릿속으로 그려지고, 심리학과 관련된 글의 요약이 쉬워진다. 글을 읽으면 내용이 어떻게 전개될지 대략 감이 오기 때문이다. 이뿐만 아니라 기존에 없던 내용도 기존 지식을 활용해 학습할 수 있다. 기존의 지식에 하나를 붙이면 새로운 지식이 되기 때문이다.

결국 우리가 책을 탐하다 보면 요점 전달 능력은 자연스레 향상된다. 여기에 이 책에서 제시한 요점 정리 방법만 적용한다면 누구나 쉽게 요점 정리의 고수가 될 수 있다. 다만 책을 읽을 때 주의해야 할 점은 작가가 어떤 관점을 가지고 말하고 있느냐다. 작가의 관점을 파악하지 못하면 한쪽으로 치우친 독서가 될 수 있다. 또 내용을 잘못 이해할 수도 있다. 독서도 다양한 방법이 있는 것처럼 한 분야에도 다양한 관점이 존재한다. 그 관점을 알고 책을 읽는다면 좀 더 깊이 있는 독서가 가능하지 않을까?

35
요점만 끄집어내는 독서법, 발췌독

독서 방법에 발췌독이 있다. 책을 보며 중요한 내용이나 자신에게 와닿는 문장을 적는 방법이다. 10쪽 정도의 짧은 글들은 앞서 제시한 키워드 맵을 활용하면 좋다. 하지만 글의 분량이 많다면 발췌독을 권한다.

사실 발췌는 요약을 위한 과정이다. 요약은 발췌한 내용을 자신의 언어로 압축하기 때문이다. 그래서 발췌는 물리적 처리법, 요약은 화학적 처리법이라고 한다. 그런 면에서 발췌독은 글의 이해에 초점이 맞춰져 있다. 일단 글의 내용을 이해하고 어떤 내용이 중요한지 파악하는 것이 핵심이다. 그다음에 자신의 생각과 언어를 활용한 요약이 진행된다.

발췌로 요점을 정리하는 연습

발췌독은 어떻게 해야 할까? 발췌독을 하다 보면 특정 부분에서 발췌를 하는 경우가 발생한다. 그렇기 때문에 일단 빠르게 책을 읽어 가며 발췌를 한 뒤, 발췌한 부분이 적은 부분을 중심으로 다시 발췌하는 것이 좋다. 이렇게 해야 발췌 내용이 균형이 잡히고 책의 흐름과 다를지는 모르지만 발췌 내용에 기초해 글의 흐름을 잡을 수 있다.

기본 발췌만 되면 요약은 어렵지 않다. 발췌독은 자유롭게 요약할 때 활용하면 좋다. 책을 읽고 쓰는 독후감이나 서평, 보고서를 읽고 자신의 생각을 정리하는 요약 글에 적합하다. 다음은 《앞으로 5년, 빚 없는 사람만이 살아남는다》라는 책을 읽고 내가 쓴 서평이다.

언제부턴가 우리는 빚 권하는 시대에 살고 있다. 주택 자금 대출, 학자금 대출, 신용 대출, 소상공인 대출 등 수많은 대출이 우리 주위를 맴돌고 있다. 저금리 시대에 이 현상은 급증하고 있다. 마치 은행의 돈이 자기 것인 양 은행 대출을 왜 이용하지 않는지 의아해하는 사람도 있다. 《앞으로 5년 빚 없는 사람만이 살아남는다》는 이런 빚 권하는 시대에 우리가 왜 빚을 청산하고, 어떻게 빚을 청산해야 하는지 알려 준다. 점점 경제가 어려워지면서 가계부채가 이슈가 되고 있다. 이 가계부채에는 학자금 대출뿐만 아니라 주택 자금 대출 등 다양한 연령층이 관련되어 있다. 게다가 미국의 금리는 지속적으로 인상되고 있는 상황에서 언제까지 우리가 저금리 시대에 머물러 있을지도 의문이다.

"다시 한 번 강조하지만 은행 빚이든, 카드 빚이나 대부업체 빚이든, 심지어 정책 금융 대출이든 빚은 다 같은 빚이다. 그리고 가장 중요한 것은 이자가 아니라 빚 자체의 규모다."

그래서 저자들은 부채 청산의 1단계로 무엇이 빚을 지게 만드는지를 파악하라고 한다. 사실 빚을 지게 만드는 건 너무 많다. 과소비, 자녀에 대한 무한정 투자, 결혼, 준비 없는 창업 등 우리는 어쩔 수 없이 빚을 진다. 그래서 월급날이 되어도 기쁘지 않은 일상이 지속된다.

"부부가 재무 계획을 세울 때에는 돈의 개념을 외벌이 개념으로 짜야 한다."

빚을 지는 원인이 무엇인지 파악됐다면, 다음 단계는 출구전략이다. 현재 부채가 무엇이 있고 부채별 특성을 파악한 출구전략을 수립하자는 것이다. 이 단계에서는 부동산 투자, 소비패턴, 자녀교육비, 보험별로 어떤 식으로 빚을 줄일 것인지를 생각해야 한다. 워낙 저금리다 보니 갭투자, 대출을 통한 레버리지 전략으로 부동산 투자를 종용하는 경우가 있는데, 이는 자칫 위험할 수 있다고 말한다. 부동산 호황기에는 모르겠지만 전망이 불투명한 경우 이는 우리를 나락을 떨어뜨릴 수 있기 때문이다.

마지막으로 빚지지 않는 재무 시스템이다. 이 단계는 노후 준비에 초점이 맞춰져 있다. 저축, 연금, 주거 등을 통해 수입절벽에 대처하는 것이다. 나이가 들수록 불필요한 보험 과소비는 피해야 한다.

"중년의 위기 속에서 생활 패턴이 바뀌고, 건강관리나 자기 개성을 찾는 데에 소비를 하는 것을 무조건 나쁘게 볼 일은 아니다. 자신의 삶을 좀 더 건강하고 윤택하게 하는 데 도움이 될 수도 있다. 하지만 미래를 위한 파이를 지금 먹어 치워 버리는 정도로까지 소비한다면 중년의 위기는 부채의 위기, 삶의 위기로 번질 수 있다."

이 책은 빚을 지지 않는 방법뿐만 아니라 실제 상담 사례도 보여 주기 때문에 현재 자신의 상황과 비교해 볼 수 있다. 또 최근에 나오는 수많은 재테크 책과 달리 '빚'을 어떻게 봐야 하고 생활 속에서 이게 어떻게 작동하는지 보여 준다. 자연스럽게 '빚'을 통제하고 살 필요가 있다는 사실을 알려 준다.

이 서평을 보면 발췌 내용이 내가 쓴 글과 자연스럽게 연결되어 있다. 책을 읽으면서 서평에 제시된 인용구 이상의 글을 발췌했다. 하지만 책의 부분별로 내용을 정리하면서 불필요한 인용구는 버리고 내 글을 위한 인용구만 남겼다. 사실 이 정도 글은 누구나 쓸 수 있다. 발췌하고 생각을 쓰고 이를 연결하면 되기 때문이다.

정리해 보면 발췌독은 다음과 같은 순서로 이루어진다. 먼저, 어떤 글이든 읽고 일단 필요한 부분을 뽑는다. 전체 내용을 다시 훑어 보면서 부족한 부분을 추가한다. 발췌 내용을 중요도에 따라 배치한 뒤 자신의 생각을 덧붙인다. 마지막은 각각의 글들을 연결하고 서론과 결론을 작성한다. 이렇게 하면 한 편의 요약 글이 나온다.

중요한 건 요약할 때 책의 경우 작가의 생각을 자신의 관점에서 잘 해석하는 것이다. 작가의 생각에서 한 발 더 나아가 자신의 시각으로 정리해야 한다. 글을 쓰는 힘이 부족하다면 이 발췌독을 통해 자신의 생각을 조금씩 덧붙이는 연습이 필요하다. 2~3개 문장에 자신의 문장 2~3개를 덧붙이는 건 누구나 가능하다.

글쓰기 방법에도 베껴 쓰기, 필사가 있지 않은가? 이는 글쓰기 기초 체력이 없을 때 좋은 방법이다. 힘든 작업이지만 그 힘듦은 잠깐이다. 자신이 좋아하는 작가의 글을 베껴 쓰다 보면 작가와 대화한다는 느낌을 가질 수 있다. 또 계속하다 보면 작가와 머릿속으로 대화를 하게 된다.

발췌독은 자신의 경험, 가치, 관점에 따라 달라진다. 내가 위에 제시한 인용구가 다른 사람이 발췌를 했을 때는 나오지 않을 수 있다. 그건 중요하지 않다. 책에서 주는 메시지에서 크게 벗어나지만 않으면 되니까 말이다.

너무 요약을 글쓴이의 의도를 곧이곧대로 해석하는 데 주력하지 말자. 그런 건 사실 지식 습득 외에 활용할 때가 없다. 공부를 하더라도 자신의 생각과 관점을 가지고 해야 머릿속에 남는다는 걸 기억하자. 쪽지 시험, 퀴즈를 위한 공부가 나중에 기억이 남지 않는 이유는 그냥 누군가의 생각을 받아들였기 때문이다. 발췌독은 그런 면에서 단순 지식 습득에서 한 발 더 나아가는 방법이다.

36

아는지 모르는지
알고 싶다면 글을 써라

　글쓰기는 문장력을 높이기 위한 작업이 아니다. 내 생각을 어떻게 표현하는 게 좋을지 고민하는 사고 과정이다. 글쓰기를 잘하면 요점 정리를 더 잘할까? 그렇다. 글쓰기는 내가 알고 있는 내용을 다른 사람이 이해하기 쉽게 쓰는 작업이기 때문이다. 핵심은 '내가 알고 있는 내용'이다. 공부할 때 내가 아는 것이 무엇인지를 아는 메타 인지가 중요한 것처럼 글쓰기도 마찬가지다.

　요점을 정리하다 보면 잘 모르는 글을 아는 것처럼 착각하는 경우가 있다. 그런 착각은 대개 요약 정리한 내용에 대한 맥락 이해 없이 관련 없는 문장을 기계적으로 연결해 놓게 만든다. 글쓰기는 이런 측면에서 자신이 무엇을 알고 있는지를 알려 주는 좋은 방법이다. 메타 인지 능력이 떨어진다면 요점 파악 능력 향상은 요원한 일이기 때문이다.

주부 32퍼센트가 고기 내장을 먹게 된 이유

많은 사람이 한 분야에서 10년 이상 일을 하면 책 한 권은 거뜬히 쓸 수 있다고 한다. 하지만 경험과 지식은 또 다른 이야기다. 경험이 많다고 글쓰기가 되는 것은 아니다. 경험이 글쓰기가 되기 위해서는 여과 과정이 필요하다. 그 필터는 자신의 관점이다. 어떤 분야에서 경험을 쌓았다면 그 분야에 대한 자신만의 관점이 있어야 한다.

그런데 관점이 없다면 어떨까? 지금까지 쌓은 경험과 지식은 모래성에 불과하다. 누가 툭 치면 무너진다. 무너지지 않기 위해서는 뼈대를 세울 나만의 관점이 필요하다. 구슬이 서 말이라도 꿰어야 보배이듯 가진 경험을 하나로 묶어야 한다. 청와대 대변인이었던 윤태영은 글의 소재를 많이 확보하기 위해서는 "반드시 사색하고 고민하면서 자신이 입장에서 재해석한 결과를 덧붙여야 한다"라고 말했다.

글쓰기를 해야 하는 또 다른 이유는 바로 생각이 어떻게 글로 바뀌는지를 이해할 수 있어서다. 글을 쓰려면 자신이 가지고 있는 생각이나 아이디어를 어떻게 전개할지를 고민한다. 그런 고민은 다른 사람들의 글을 읽으면서 작가가 어떻게 글을 전개하는지 파악할 때 유용하다. 역지사지의 마음이다.

항상 독자의 관점으로 글을 읽었다면 자신이 작가가 되어서 어떻게 독자에게 자신의 생각을 전달하고, 때로는 설득할 것인지를 고민해 보는 게 필요하다. 그러면 사설이나 칼럼이 왜 그렇게 전개되는지를 직접 느낄 수 있다. 사설이나 칼럼은 보통 이렇게 전개된다는 생각만으로는 한계가 있다. 직접 해 봐야 한다.

쿠르트 레빈의 실험은 직접 해 보는 것의 중요성을 알려 준다. 미국 농무부는 제2차 세계 대전 당시 식량 부족 문제를 해결하기 위해 버려지는 간, 심장 등 고기 내장 섭취를 사람들에게 독려하고 싶었다. 이를 위해 레빈에게 부탁을 했다. 레빈은 주부들을 대상으로 실험을 했다. 첫 번째 집단에서는 전문가가 고기 내장 섭취가 몸에 얼마나 좋은지를 강의했다. 두 번째 집단에서는 주부들에게 고기 내장 부위를 어떻게 하면 섭취하게 할 수 있을지 토론하도록 했다.

결과는 어땠을까? 강의 참여 집단에서는 단 3퍼센트만이 고기 내장으로 요리를 했다. 반면 토론을 한 집단에서는 32퍼센트나 됐다. 이는 우리가 어떤 것을 할 때 관여 수준이 중요하다는 것을 알려 준다. 머릿속으로 상상만 하는 것이 아니라 직접 해 보면서 다른 사람들의 글을 이해할 수 있는 노력을 해 보자.

이미 정리된 글을 활용하라

글을 직접 써 보는 방법 외에 베껴 쓰기도 좋은 방법이다. 사설과 칼럼처럼 짧지만 논리적인 글을 매주 한 편 정도 베껴 보면 어떨까? 눈으로 글을 보기보다는 직접 써 보면 글쓴이의 생각을 이해하고 요점 파악에 더 효과적이기 때문이다. 공자는 "들은 것은 잊어버리고, 본 것은 기억하고 직접 해 본 것은 이해한다"라고 말했다. 다독가로 유명한 조선 후기 실학자 형암 이덕무 또한 눈보다 손을 강조한다.

"무릇 책에 있어서 눈으로 지나가고 입으로 지나가는 것은 마침내 손으로 쓰는 것만 못하다. 손이 움직이면 마음이 반드시 따르기 때문이다."

책은 양이 많아 전체를 베껴 쓰기는 어려우나 발췌하고 메모하다 보면 글쓴이의 생각이 어떻게 흘러가는지 파악할 수 있다. 책을 읽을 때 메모를 하거나 읽은 뒤에 독서 노트를 쓰는 것도 같은 맥락이다. 다산 정약용은 책을 읽으면서 중요한 내용을 기록하는 초서지법(鈔書之法)을 제시했다. 그는 책을 읽으면서 자신의 관점을 가지고 정리하고 이를 잘 분류하는 것이 중요하다고 했다.

또 일상에서 요점 정리 능력을 향상시키기 위한 글쓰기 방법은 무엇이 있을까? 테드나 CBS 〈세상을 바꾸는 시간, 15분〉, 해외 유명 대학의 강연을 정리해 보는 것도 좋은 방법이다.

테드 강연자가 주제에 대해 어떤 구조로 이야기를 풀어 가는지 생각해 보자. 이미 테드와 관련된 프레젠테이션 책도 많이 있기 때문에 같이 보면서 강연 구조를 파악하면 자연스럽게 그런 구조의 글을 쓸 수 있게 된다. 강연을 A4 용지 2장 정도로 딱 10개만 정리해 보자. 하다 보면 지적 수준도 올라가고 요점을 전달하는 능력은 크게 향상될 것이다. 《테드로 세상을 읽다》를 쓰면서 강연 요약이 자신의 생각을 정리하고 다른 사람의 생각을 이해하는 데 얼마나 큰 도움이 되는지를 알았다.

마지막으로 요점이 정리된 요약문의 활용이다. 보고서와 연구 논문에는 요약문이 있다. 이 요약문이 실제 보고서와 논문에 있는 내용을 어떻게 요점 정리했는지 확인해 보면 좋다. 서론, 본론, 결론의 비중이나 본론의 어떤 부분 또는 내용을 중점적으로 요약문에 포함시켰는지 체크해 보자. 요약문을 가지고 글의 목차를 생각해 봐도 좋다. 요약문만 보고 글의 목차를 만들어 보고 자신이 만든 목차를 실제 목차와 비교하는 것도 좋은 방법이다.

37

입을 열어야
생각이 정리된다

　글은 말로 이어진다. 말로 설명하지 못하면 좋은 글이 되기 어렵다. 요점을 열심히 정리했더라도 말로 연결이 안 된다면 다시 한번 정리 내용을 검토해야 한다. 어떤 부분이 매끄럽지 못한지, 어떤 부분에서 말이 자꾸 걸리는지 고민이 필요하다.
　우리가 쓰는 글은 결국 누군가가 읽는다. 그런데 그 누군가가 읽기 싫어한다면 문제가 있는 것이 아닐까? 개인의 취향에 따라 다를 수 있지만 글이 입에 자연스럽게 붙어야 좋은 글이다. 가수이자 프로듀서인 박진영이 음악 오디션 프로그램에서 참가자들에게 항상 "말하듯이 노래"하라고 하는 것처럼 말이다.

15분 동안 말해 보며 연습하라

글이 말로 연결됨에 있어 가장 좋은 방법은 '가르치기'다. 듣는 대상의 규모에 상관없이 내가 알고 있는 내용을 말해 보는 것이다. 그렇게 하다 보면 머릿속에서는 '아, 이 부분이 좀 걸리는구나'라는 생각이 든다. 어떻게 하면 좋을까? 15분 강의를 해 보는 것이다. 자신의 글을 가지고 15분을 말하는 것이 쉬울 수도 있다. 하지만 15분을 어떻게 말하느냐가 더 중요하다. 상대방이 정말 내 말에 경청을 하는지, 아니면 듣고 있지만 무엇인가 이해가 안 되는 표정을 하고 있는지가 중요하다.

15분은 그리 긴 시간이 아니다. 그런데 막상 해 보려고 하면 말하기 위해 얼마나 많은 글을 써야 하는지 가늠하기 어려운 경우가 많다. 설사 알더라도 처음 해 보면 알고 있는 것도 놓치는 경우가 있다. 그래서 긴 15분이 될 수도 있다.

이런 말하기는 단순히 글을 요약하는 것이 아니라 글 속에 숨은 의미를 찾아야 자연스럽게 표현된다. 말이 자연스러우면 요약도 기본은 갖췄다는 의미다. 말은 기술이 아니다. 내가 얼마나 그 주제에 대해 고민했는지가 말 속에 묻어나기 때문이다. 그래서 사색이 필요하다. 한 주제를 태워 버릴 듯한 몰입과 고민이 필요하다.

나 역시 처음에는 내가 알고 있는 내용을 강의하는 게, 그저 내 생각을 말하면 되는 것인 줄 알았다. 그런데 긴장이 되고, 할 때마다 '이렇게 말하는 게 맞나' 하는 생각이 들었다. '도대체 무슨 말을 하고 있는 거지'라는 생각이 머릿속을 맴돈 적이 많다. 그런 면에서 글과 말은 확실히 다르다. 글이 잘 정리되어 있어도 이상하게 말은 잘 안 될 때가 많았다.

이럴 때는 15분 강의를 한 뒤 조금씩 시간을 늘려 1시간, 3시간, 1일 강의를 해 보자. 시간을 계속 늘려 가면서 자신의 머릿속 글들이 어떻게 표출되는지를 알아 가는 게 필요하다. 15분 강의와 다르게 시간이 늘수록 말을 하는 패턴도 달라질 수 있어서다. 한 시간을 강의하려면 글의 분량이 A4 용지 10장이 넘게 나올 수 있다. 이런 경우 자신의 글을 다 기억할 수 없기 때문에 요점이 무엇인지를 파악하고 요점을 바탕으로 살을 붙여 나가는 식으로 말하게 된다. 그러면 자연스레 요점 정리를 어떤 식으로 하면 더 좋을지에 대한 아이디어가 생각난다.

핵심 뼈대를 놓치지 마라

말은 당연히 수많은 단어의 집합이다. 이 단어들 중에 핵심 단어를 이해하고 기억해야 한다. 핵심 단어를 이해해야 이를 지원해 주는 보조 단어가 생각난다. 그러면 요점 정리할 때처럼 머릿속에 요약 글의 뼈대가 떠오르고 그 뼈대만 기억하면 말은 자연스레 될 수 있다.

우리가 말을 잘하지 못하는 이유는 성격적인 측면도 있지만 핵심은 뼈대를 찾지 못해서다. 성격적으로 말하기가 어렵더라도 글의 뼈대가 잡혀 있으면 말이 부드럽지 않아도 상대방이 쉽게 이해할 수 있다. 그런데 뼈대가 없으면 아무리 말을 잘해도 듣는 사람은 '도대체 무슨 소리를 하는 거야'라고 생각한다.

로직트리, 마인드맵, 만다라트 같은 생각을 정리하는 도구는 이런 뼈대를 잡아 준다. 물론 뼈대를 잡는 데 꼭 이런 도구를 활용할 필요는 없다. 중요한 것은 머릿속에 핵심 단어를 입력하는 것이다. 3~5개의 핵심 단어만 입력해 놓으면 나머지는 자연스레 말을 할 수 있기 때문이다. 이런 구조라고 생각하면 된다.

- ■ 핵심 단어 1
    - 보조 단어 1
    - 보조 문장 1
- ■ 핵심 단어 2
    - 보조 단어 2
    - 보조 문장 2
- ■ 핵심 단어 3
    - 보조 단어 3
    - 보조 문장 3

머릿속에 이런 구조를 집어넣으면 핵심 단어 1을 생각하면 자연스레 보조 단어 1이 생각난다. 그 뒤에는 보조 문장 1이 나온다. 이런 구조가 머릿속에 없다면 총 9개의 단어와 문장(핵심 단어 3개, 보조 단어 3개, 보조 문장 3개)을 생각해야 한다. 그러면 어떻게 될까?

당연히 말할 때도 순서를 틀리거나 빼먹는 부분이 있어 말이 뜻대로 되지 않는다. 그래서 어떤 것을 암기할 때 가능한 큰 덩어리로 외우는 것이 아니라 작은 덩어리로 쪼개서 외운다. 이처럼 자신이 쓴 글을 말하려면 글의 요점이 무엇인지를 파악해야 한다.

지금까지 요점 정리, 요약, 요점 전달까지 요점과 관련한 전반적인 사항을 알아봤다. 우리가 일상에서 너무나도 많이 사용하는 '요점'이란 단어지만, 요점을 정리하고 요점만 뽑아 요약한다는 것은 참으로 어려운 일이다. 가능한 한 많은 사람이 이 책을 읽고 "이제 나도 요점 정리 잘할 수 있어!"라는 자신감을 가질 수 있기를 바란다.

이 책에서 다룬 핵심적인 방법을 다시 한번 되새겨보자.

- 요약의 4단계: 목적의식, 구조 파악, 핵심 추출, 구성 정리
- M-C-M 기법: 메시지, 세부 내용, 메시지

- S-Canvas: 글쓴이의 관점, 글의 배경, 글의 구조, 핵심 메시지, 핵심 문장, 생각 정리
- S-P-S 프레임: 상황, 문제점, 해결책

우리는 정보가 넘쳐나는 시대에 살고 있다. 그렇기에 요점을 놓치면 우리의 일상은 뒤죽박죽이 되기 십상이다. 반대로 요점만 잘 파악하면 어지러운 일상이 비온 뒤 맑은 하늘처럼 선명해질 수 있다. 오늘부터 이 책을 가지고 다니며 자신 있게 핵심만 말할 수 있는 '요점의 달인'이 되어 보자.

책부터 기획서, 보고서, 회의, 발표까지
요점 정리의 기술

ⓒ 박경수 2025

인쇄일 2025년 7월 8일
발행일 2025년 7월 15일

지은이 박경수
펴낸이 유경민 노종한
책임편집 권혜지
기획편집 유노북스 이현정 조혜진 권혜지 정현석 **유노라이프** 구혜진 **유노책주** 김세민
기획마케팅 1팀 우현권 이상운 **2팀** 이선영 최예은 전예원 김민선
디자인 남다희 홍진기 허정수
기획관리 차은영
펴낸곳 유노콘텐츠그룹 주식회사
법인등록번호 110111-8138128
주소 서울시 마포구 월드컵로20길 5, 4층
전화 02-323-7763 **팩스** 02-323-7764 **이메일** info@uknowbooks.com

ISBN 979-11-7183-121-0(03190)

- ─ 책값은 책 뒤표지에 있습니다.
- ─ 잘못된 책은 구입한 곳에서 환불 또는 교환하실 수 있습니다.
- ─ 유노북스, 유노라이프, 유노책주는 유노콘텐츠그룹의 출판 브랜드입니다.